法務実務専門家による処方箋

りすくのくすり
相続特集

リスク法務実務研究会

花乱社

はじめに

　リスク法務実務研究会は，各種専門家によって構成する任意団体です。執筆時点における会員は，弁護士，税理士，社会保険労務士，司法書士，行政書士，不動産鑑定士，土地家屋調査士，弁理士，ファイナンシャルプランナー，保険代理店等で，全32名です。年間8回の定期研究会のほか，さまざまな行事を開催していますが，会員の出席率は非常に高く，会員同士とても仲の良い楽しい団体です。

　昨年頃から，会員から「リスク法務はこれだけ専門家が集まっている。みんなで本を出版できないか」という声が少数ながら出始めました。当初，個人的には何かと大変になりそうな気がして検討すらしませんでした（すみません）。しかし，最終的には，もし12人以上の会員が執筆者として手を挙げるならやってみようと決断するに至りました。

　平成23年2月，正式に募集したところ，18人という多くの会員が名乗りを挙げてくれたのでした。

　その18人の各種専門家が，各専門分野について執筆し，一冊に結集したのが本書です。特集テーマを「相続」としました。相続に関する事項を弁護士，税理士，社会保険労務士，司法書士，行政書士，一級FP技能士が，専門家として，それぞれの視点からさまざまな情報を提供しています。ちょっと珍しい感覚の書籍だと思います。

　本書を手に取られた方に，少しでもご参考にしていただけましたら，望外の喜びです。

　最後になりましたが，出版に際し，花乱社の別府大悟社長，宇野道子さんには大変ご尽力いただきました。この場を借りてお礼申し上げます。

平成23年9月吉日

リスク法務実務研究会
主宰　安藤政明

❦ 目　次 ❦

はじめに……3

相続特集

争族（相続）対策のための遺言　　　　　弁護士　井上敦史……10

相続放棄の留意点　　　　　　　　　　　弁護士　西村　潤……21

遺産分割手続　　　　　　　　　　　　　弁護士　小川　剛……27

　COLUMN 1：遺産分割手続はスタンプラリー！……37

寄与分　　　　　　　　　　　　　　　　弁護士　堀　繁造……38

相続税申告の基礎　　　　　　　　　　　税理士　鵜池隆充……49

ご検討されていますか？相続時精算課税　税理士　服部康太郎……56

生命保険を活用した相続対策　一級FP技能士・CFP　田名網亜衣子……66

相続と登記　　　　　　　　　　　　　司法書士　安藤　功……74

成年後見制度における任意後見制度　　　行政書士　和田好史……83

戸籍の知識と集め方　　　　　　　　　　行政書士　久々宮典義……93

　COLUMN 2：縁を切る？　戸籍を抜く？……103

もらえるようになった寡婦年金　　特定社会保険労務士　堀江玲子……104

労災保険における遺族補償給付　　特定社会保険労務士　田上隆一……112

　COLUMN 3：震災時の労災認定について……121

死亡退職金の受取人　　　　　　　特定社会保険労務士　安藤政明……122

　COLUMN 4：無形財産の相続……131

専門・一般

測量・登記の注意事項　　　　　　　　土地家屋調査士　福田憲太郎 ···· 134

小さな会社の労務管理　募集から退職まで　　社会保険労務士　大橋正郎 ···· 141

　　Column 5：自分の老後を考える ·· 151

健康保険　埋葬料等，傷病手当金　　　　特定社会保険労務士　眞鍋幸宏 ···· 152

　　Column 6：知ってよかった，限度額適用認定証と高額療養費貸付制度 ···· 160

中小企業における外国人の雇用　　　　　　　　　行政書士　田村公隆 ···· 161

中小企業におけるネットリスク対策　　　　ネットリスクアドバイザー　深町義浩 ···· 167

　　　　　　　　　　　＊　　＊　　＊

リスク法務実務研究会の紹介 ···· 175

執筆者紹介 ···· 176

編集後記 ···· 181

相続特集

争族（相続）対策のための遺言

弁護士　井上敦史

1　「相続」で親族が「争族」とならないようにするためには？

　「相続＝争族」という言葉は、本当に耳にたこができるくらい聞き慣れている言葉です。この言葉がこうも一般的なものとなっているのは、やはり相続が開始される段階になって、どの財産を誰が相続するのかという点においてもめ始めるところが多いからです。

　実際に、相続が開始された段階で、ほかの相続人は法定相続分どおりの相続分で構わない、むしろ少なくても構わないという意思を示しているのにもかかわらず、そのうち一人だけがそれには応じられないということになり、遺産分割調停という手続を家庭裁判所に申し立てなければならなくなったというケースもあります。

　このように相続をめぐって争いが起きないための一つの対策としてあげられるのが「遺言」です。

　では、「遺言」にはどのようなものがあるのか、以下に見ていきます。

2　「遺言」の種類

　単に遺言といいましても、民法上、何と合計7種類もの方式の遺言が規定されています。そして、遺言は民法に規定されている方式に従わなければ、することができないとされています（法960条）。

　遺言の中には、まず、普通方式と呼ばれている遺言として、自筆証書遺言

【略語表記】法→民法，民集→最高裁判所民事判例集，判時→判例時報，家月→家庭裁判所月報，金判→金融・商事判例，最判→最高裁判所判決，高判→高等裁判所判決，大判→大審院判決，民録→大審院民事判決録

（法968条），公正証書遺言（法969条），秘密証書遺言（法970条）という3種類の方式が規定されています。

次に，特別方式と呼ばれている遺言として，一般危急時遺言（法976条），一般隔絶地遺言（法977条），難船危急時遺言（法978条），船舶隔絶地遺言（法979条）という4種類の方式が規定されています。

これらのうち，一般的な遺言の方式である普通方式による遺言について，詳しく見ていきたいと思います。

（1）自筆証書遺言について

自筆証書遺言は，最も簡単な方式の遺言で，費用もほとんどかからないというメリットがあります。

もっとも，自由に作成していいというわけではなく，Ⅰ自筆で全文，日付及び氏名を書くこと，Ⅱ押印をすること，という要件を守らなければなりません（法968条1項）。

Ⅰの要件が定められていることから，パソコンなどの機械を用いて作成されたものは「自筆で」という形式を充足していないため，自筆証書遺言としての効力を有さないこととなり，遺言は無効となってしまいます。

また，日付については，遺言者に遺言を作成できるだけの能力（法963条）があったかを判断する基準時として重要な意味を有したり，存在する2通以上の遺言の優劣を決する場合においても重要な意味を有したりするので，遺言を作成したその日を記載することになります。例えば，「平成23年4月吉日」との記載は，暦上の特定の日を表示するものではないとして，作成された遺言は無効であると判断されています（最判昭和54年5月31日，民集33巻4号445頁，判時930号64頁）。

Ⅱの要件については柔軟に解釈されており，特に使用しなければならない印章が条文上規定されているわけでもなく，指印でも足りるとされています（最判平成元年2月16日，民集43巻2号45頁，判時1306号3頁）。

では，遺言書を書き損じたときや，遺言の内容として書きたかったのに忘れていたことが発覚したときはどうすればよいのでしょうか。

一世一代のものとしてせっかく時間と体力をかけて書き上げたのに，また一から書き直すということは誰もがしたくないですよね。となると，訂正や

追加をするという方法が一番手っ取り早いということになります。

このときに注意しなければならないことがあります。法は、遺言書に訂正や追加などの変更を加える場合には、ⅰその場所を指示して、変更した旨を付記し、ⅱこれに署名し、ⅲ変更の場所に押印する、という三つの条件を規定しています（法968条2項）。この条件をすべて履践しないと遺言は効力を生じないのです。

裁判例においては、抹消部分に押印し、その右脇に「消」と記載してそこにも押印したが、署名がされていなかった遺言書について、署名の要求は日常の証書作成の慣行からみて厳格にすぎる嫌いがあるとして、抹消を有効としたものもありますが（東京高判昭和55年11月27日、判時990号195頁）、現時点において法律上は要求されている条件なので、後々遺言の効力が争われないためにも、上記三つの条件はすべて履践しておかなければならないと考えておいたほうがよいでしょう。

（2）公正証書遺言について

公正証書遺言は、その名のとおり、遺言を公正証書によって作成する方式です。公正証書を作成するため、自筆証書遺言と比べて費用はかかってしまいますが、公証人が遺言書の原本を保管するので、偽造、盗難や紛失などの危険がほとんどなく、後々の遺言に関する紛争を防止するという観点からは大きなメリットがある方式であるといえます。

公正証書遺言にも作成するための要件として、A証人二人以上の立会いがあること、B遺言者が遺言の趣旨を公証人に口授すること、C公証人が、遺言者の口述を筆記し、これを遺言者及び証人に読み聞かせ、又は閲覧させること、D遺言者及び証人が、筆記の正確なことを承認した後、各自これに署名し、印を押すこと、E公証人がその証書はAないしDの方式に従って作ったものである旨を付記して、これに署名し、印を押すこと、という5要件があります（法969条）。

現実に公正証書遺言が作成されるのは、上記AからEの順序によってではなく、むしろ逆の順序である、公証人の筆記→読み聞かせ→口授という順序によってされるものがほとんどです。

公正証書遺言において、問題となる場合が多い要件はBの「口授」に関す

るものです。特に遺言者の判断能力が低下している場合に問題となりやすいです。

　この問題に関して，判例は，公証人の質問に対して言語をもって陳述することなく（言葉を発せず），単に肯定又は否定の挙動を示した（うなずいた）にすぎないときには，「口授」があったとはいえないとして，遺言を無効としています（最判昭和51年1月16日，家月28巻7号25頁）。

　また，遺言者の意思能力が欠如しているに近い状態のもと，遺言者が断片的な言葉を発したにすぎない場合に「口授」があったとはいえないとして，遺言を無効とする裁判例もあります（広島高判平成10年9月4日，判時1684号70頁）。

　ほかの要件についてですが，まず，Aの証人の立会いについては，証人の欠格事由というものが法律上規定されており，立会い方法などによっては遺言が無効となる場合があります。

　証人の欠格事由として，a 未成年者，b 推定相続人及び受遺者並びにこれらの配偶者及び直系血族，c 公証人の配偶者，四親等内の親族，書記及び使用人，という三つが規定されています（法974条）。

　証人の立会い方法という点については，二人の証人のうち一人が欠格事由に該当する者である場合，作成された遺言は無効となります（最判昭和47年5月25日，民集26巻4号747頁，判時670号39頁）。また，証人は，遺言者が遺言の趣旨を公証人に口授する際に立ち会っていなければならず，公証人の読み聞かせの際には立ち会っていても，その際には遺言者はうなずいたのみであったという場合には，口授があったとはいえず，したがって口授する際に証人が立ち会っているとはいえないので，作成された遺言は無効となります（最判昭和52年6月14日，家月30巻1号69頁，金判534号38頁）。

　次に，Dの遺言者の署名については，遺言者が署名することができない場合は，公証人がその事由を付記して，署名に代えることができるという例外的な規定もあります（法969条4号ただし書）。

（3）秘密証書遺言について

　秘密証書遺言は，公証人や証人の前に封印した遺言書を提出して，遺言の存在は明らかにしながら，内容を秘密にして遺言書を保管することができる

方式の遺言です。

　秘密証書遺言は，遺言内容を秘密にできるので遺言内容をめぐって事前に争いが起きるような事態を避けられるということや，遺言者に自書能力がなくても作成できるということや，公証人の手数料が定額で1万1000円と公正証書遺言の場合と比べると比較的安いなどといったメリットがあります。

　一方，遺言内容を公証人が確認せず，保管もされないので，方式の不備があることを見落としていたり，盗難や紛失の危険があったりするといったデメリットもあります。盗難や紛失の危険といったデメリットに対しては，弁護士等の信頼できる第三者に遺言を預けておくなどすれば避けることができます。

　また，自筆である必要がなく，公証人及び証人に対する申述内容も簡単であることから，後日遺言者の遺言能力等が争いになるといったデメリットも考えられます。

　秘密証書遺言にも，もちろん作成するための要件が規定されています。具体的には，α 遺言者が，証書に署名押印すること，β 遺言者が，その証書を封じ，証書に用いた印章をもってこれに封印すること，γ 遺言者が，公証人一人及び証人二人以上の前に封書を提出して，自己の遺言書である旨並びにその筆者の氏名及び住所を申述すること，δ 公証人が，証書を提出した日付及び遺言者の申述を封紙に記載した後，遺言者及び証人とともにこれに署名押印すること，の四つの要件が規定されています（法970条1項）。

　このうち，特に裁判で問題となった要件はγにおける「筆者」の定義です。秘密証書遺言におけるメリットとしても記載しましたが，通常，秘密証書遺言は，遺言者自身が自書することが多いのですが，第三者が書くこともできます。そこで，遺言者以外の者がワープロで作成した遺言書の筆者を，遺言者が自分であると述べた事案において，「筆者」とは誰なのかが問題となりました。

　かかる事案について，判例は，「筆者」とは遺言者以外の者であって，実際に遺言書を筆記した者をいうのであり，実際にワープロで作成した者であると判断しました（最判平成14年9月24日，家月55巻3号72頁，判時1800号31頁）。したがって，遺言者が「筆者」の氏名及び住所を申述していなかったことから，法970条1項3号の要件を充たしておらず，作成された遺言は無効で

あると判断されました。
　もっとも，秘密証書遺言として作成したものの，秘密証書遺言を作成するための要件を充たしていなかった場合，必ず遺言が無効になるかというとそういうわけでもなく，前述した自筆証書遺言としての要件を充たしていれば，その遺言は自筆証書遺言としての効力をもつことになります（法971条）。

3　遺言作成の留意点

　さて，これまでは，遺言の種類ごとに要件などについて見てきましたが，ここからは遺言そのものを作成するに当たっての留意点などについて見ていきます。

(1) 遺言能力について

　遺言を作成するには，遺言に記載したことの結果がどうなるかということが分かる程度の能力が必要で，この能力のことを「遺言能力」と呼んでいます。
　遺言能力について，15歳に達すれば遺言をすることができると規定されています（法961条）。民法上，未成年については単独でできる行為を制限している規定がありますが（法5条等），遺言については15歳に達すれば単独ですることができるとされているのは，遺言は，遺言者自身の最終の意思を尊重するものであるため代理に親しむものではないし，また，遺言者の死後に効力が付与されるため行為能力制度により遺言者を保護する必要性もないからです。
　遺言能力の点でこれから問題となってくるだろうと思われることは，高齢者の方々についてです。もちろん，高齢者であるからといって年齢だけで遺言の作成に何か制限がなされるということはありません。しかし，遺言も自己の意思を表示するものなので，自己の行為の結果を判断できる能力，すなわち意思能力という能力が必要となります。この意思能力が欠けていると，その状態で行われた行為は無効となるため（大判明治38年5月11日，民録11輯706頁），高齢者というだけで，意思能力が欠けている状態で作成された遺言であるから無効であると問題にされてしまいやすいのです。したがって，

遺言能力ひいては意思能力の有無という問題は，高齢化社会が進んでいる現代において，避けては通れない問題となってくると思われます。

このように，高齢者というだけで後に意思能力の有無を問題とされないためにも，遺言書を作成する際に，医師による当時の診断書を作成しておく，どのような状態であるのかなどの日記をつけておく，色々な人と話をしておいて将来的に意思能力の有無が問題となった場合に，遺言作成当時意思能力があったと証言してくれる人を確保しておく，遺言を作成する日の行動を撮影して記録しておくなど，意思能力に問題がなかったことを証明できる証拠となるものを残しておくとよいでしょう。あくまでも，遺言時の意思能力の有無の問題は，まさに遺言書を作成するときの能力であるので，それ以前や以後に意思能力があったかどうかではなく，遺言書を作成しているときに意思能力があるということが重要なのです。

実際に，遺言者が遺言作成当時，老人特有の中等度ないし高度の痴呆状態にあったとして，遺言行為の重大な結果を弁識するに足るだけの精神能力は有しておらず，意思能力を欠いていると判断され，作成されていた公正証書遺言が無効であると判断された裁判例もあります（名古屋高判平成5年6月29日，家月46巻11号30頁，判時1473号62頁）。

(2) 共同遺言の禁止

遺言は，二人以上の者が同一の証書ですることができないと規定されています（法975条）。

しかし，遺言書が二人以上の者によって作成されていたとしても，各々で容易に切り離すことができるものであれば，法律上禁止されている共同遺言には当たらず，遺言としての効力をもつことがあります（最判平成5年10月19日，家月46巻4号27頁，判時1447号52頁）。

もっとも，遺言の効力が後に争われることなく認められるために，一人ずつ別々の遺言書を作成しておくべきです。

4 遺言の効力，撤回

次に，作成した遺言の効力の生じる時期や撤回について見ていきます。

遺言書を有効に作成したときに遺言そのものは成立しますが，遺言の効力が発生するのはあくまでも遺言者の死亡のときからです（法985条1項）。

そのため，何ら特別の理由がなくても，遺言書を作成した当時と周りの状況などが変化した場合には，いつでも遺言の方式に従えば，遺言の全部または一部を撤回することができます（法1022条）。

遺言を撤回する方法としては，①前の遺言を撤回する内容の新たな遺言書を作成することがあげられ，また，②前の遺言と抵触する内容の遺言書を新たに作成した場合や（法1023条1項），③遺言者が遺言と抵触する生前行為をした場合や（同条2項），④遺言者が遺言書を破棄した場合等（法1024条）には，遺言を撤回したものとみなされます。

①や②のように新たな遺言書を作成する際は，必ず撤回する遺言書と同じ方式の遺言書で作成しなければならないというものではありませんが，撤回が本当に真意によってなされたものであるか否かを相続人間で争われないようにするためにも，公正証書遺言を撤回する場合は，公正証書遺言によってしておくほうがよいと思われます。

③に該当する場合として多いと思われる事例は，遺言後に，遺言者と受贈者とが離縁，離婚等したというものがあげられます。判例においても，PがXらから終生扶養を受けることを前提としてXらと養子縁組したうえ，その所有する不動産の大半をXらに遺贈する旨の遺言をしたが，その後Xらに対し不信の念を深くしてXらとの間で協議離縁をしたという事案において，「法律上も事実上もXらから扶養を受けないことにしたというのであるから，右協議離縁は前に本件遺言によりされた遺贈と両立せしめない趣旨のもとにされたものというべきであり，したがって，本件遺贈は後の協議離縁と抵触するものとして……民法の規定により取り消されたものとみなさざるをえない」と判示しています（最判昭和56年11月13日，民集35巻8号1251頁）。

このような方法で撤回された遺言は，その撤回の行為が，詐欺又は強迫による場合を除いて，撤回され，取り消され，又は効力を生じなくなるに至ったときでも，その効力を回復しません（法1025条）。

したがって，遺言を撤回したものの，やはり前の遺言書で記載したような内容にしようと考えたならば，基本的に撤回した前の遺言と同じ内容の遺言書を作成する必要があります。

5 遺言書を発見した後の手続

　次に，遺言者が亡くなり，効力が生じた遺言書を発見した場合の手続について見ていきます。

　遺言書の保管者がいる場合は相続の開始を知った後に，遺言書の保管者がいない場合は相続人が遺言書を発見した後に，遅滞なく，遺言書を家庭裁判所に提出して，検認を請求しなければなりません（法1004条1項）。検認とは，検認日現在の遺言書の形状や内容を明確にして遺言書の偽造・変造を防止するとともに，相続人等に遺言の存在と内容を確知させるための手続です。このような手続であることから，公正証書による遺言については偽造・変造のおそれがないため，検認を請求しなくてもよいとされています（同条2項）。

　検認の手続とは具体的にどのようにしていくのかというと，検認審判申立書という書面に必要事項を記載して，被相続人の住所地を管轄する家庭裁判所に，手数料（600円）や戸籍謄本などの必要書類を添えて申し立てをします（詳しくは，各家庭裁判所で確認してください）。

　検認手続では，遺言の内容の有効性等まで判断するわけではないので，検認手続が終了した後でも遺言の内容の有効性を相続人は争うことができますし，検認手続を経なかったからという理由で，5万円以下の過料に処せられてしまう可能性があっても（法1005条），遺言自体の効力に影響が及んで遺言が無効となってしまうこともありません。

　したがって，遺言書を発見した場合は，検認手続等を行うようにしてください。

　また，封印のある遺言書は，家庭裁判所において相続人又はその代理人の立会いがなければ，開封することができないとされています（法1004条3項）。

　したがって，封印のある遺言書を発見した場合，遺言書の内容がどのようなものになっているのかすごく気にはなると思いますが，すぐに開封しないように気をつけてください。もし，家庭裁判所外において封印のある遺言書を開封してしまうと，その者は5万円以下の過料に処せられてしまいます（法1005条）。

　特に，自筆証書遺言においては，必ずしも封筒に入れ，これに封印する必要はないので，封印されている場合には遺言書を発見してすぐ開封してしま

わないように注意が必要となります。自筆証書遺言を封印する場合には，封筒に「開封厳禁，発見次第このまますぐ家庭裁判所に提出すること」などの記載をしておくと，遺言書を発見した者が家庭裁判所外で開封してしまうという危険を避けることができるでしょう。

6 遺言書について争いとならないように

　遺言が無効となる場合には，特定できる日付が記載されていないなどの方式の不備による「形式的無効」と呼ばれる場合と，遺言内容が不明確な場合，意思能力がない場合，公序良俗（法90条）違反の場合及び偽造や変造により作成された場合等の「実質的無効」と呼ばれる場合の二つがあります。

　このような無効事由を主張して，遺言の効力が訴訟において争われるのが遺言無効確認の訴えと呼ばれるものです。

　形式的無効の場合には，方式の不備によるものですので，方式さえきちんと注意すれば遺言が無効となる危険を回避することができるので，争いとなる可能性は低く，仮に争いとなった場合でも無効事由は存在しないと主張しやすいものです。

　しかし，問題なのは実質的無効に該当する事由が主張された場合です。遺言内容が不明確な場合や公序良俗違反の場合は，遺言内容を正確かつ適切なものとしておけば，遺言が無効となる危険を回避することができるので，遺言内容がよほどのものとなっていないかぎり争われることがないと考えられます。

　それに対して，偽造や変造という主張は，存在する遺言書は遺言者以外の者が勝手に作成したものであると主張するものなので，認められるかどうかは別として主張されやすいものです。

　そこで，仮に，相続段階において争いとなり，その争いの中で偽造や変造がなされたとの主張が認められないためにも，遺言書を作成する場に全く利害関係のない第三者に立ち会っていただいたり，遺言書を作成した後は保管しておいていただいたりするなど，何も偽造や変造などがなされていないことを証言していただける人を確保しておくとよいでしょう。

7　最後に

　最初にも述べたとおり，遺言書をあらかじめ作成しておくことは，残された者の間で相続をめぐって争いが起きないための一つの対策ではありますが，やはり被相続人の財産について複数の相続人が関わってくることに変わりはないので，遺言書をあらかじめ作成しておいたとしても，遺言書の内容によっては，逆に複数の相続人の間に紛争を生じさせるということも当然考えられます。

　そこで，自己の財産は自由に処分できるといっても，どうしてそのような内容の遺言書を作成したのかなどの理由も記載するなどして，残された相続人らが納得できるような内容にするよう十分な配慮をしながら遺言書を作成しておくのがよいでしょう。

相続放棄の留意点

弁護士 **西村 潤**

1 相続について

　被相続人が死亡すると，相続が開始されます。相続人において相続開始を求める意思表示をする，などといった特別の行為を要することなく，死亡によって当然に開始されます。

　民法第882条
　　相続は，死亡によって開始する。

　相続が開始しますと，相続人は被相続人の財産（これを相続財産といいます）の一切を引き継ぐこととなります。

　民法第896条
　　相続人は，相続開始の時から，被相続人の財産に属した一切の権利義務を承継する。ただし，被相続人の一身に専属したものは，この限りでない。

　相続人が引き継ぐ相続財産には，当然被相続人が所有していた不動産，動産の所有権や債権が含まれますが，他方で，相続人の負債も「被相続人の財産に属した一切の権利義務」を構成しますので，含まれることとなります。

　具体的な例で説明しますと，父A，母B，AとBとの間に長男C，長女Dがいるという家族において，Aは自宅の土地，建物，自動車を所有し，さらにA名義の銀行預金もあり，他方で，Aには金融機関からの借り入れもあったとします。

Aが死亡し，相続が開始しますと，B，C，Dが相続人として，それぞれ以下の割合で相続分を有しています。
　　B……2分の1
　　C……4分の1
　　D……4分の1
　従いまして，A死亡により相続が開始しますと，B，C，Dは前述の割合で土地，建物，自動車，銀行預金に対してAの権利（土地，建物，自動車については，所有権，銀行預金については預金払戻請求権）を承継するとともに，借入については同じ割合で債務（貸金返還債務）を負うこととなります。

　負債を承継する場合であっても，プラスの財産がそれ以上であれば，特に問題はないと思われますが，マイナス財産がプラス財産を超える場合には，相続人としては，そのような承継はしたくない，と思われる場面が出てきます。前述のとおり，相続は死亡によって当然に開始してしまいますので，そこに相続人の希望や意思が介在する余地はなく，知らない間に父親の借金を背負う羽目になってしまった，という事態が生じてしまうのです。
　このようなことから，法は，相続人が相続放棄をすることにより，はじめから相続人とならなかったものとみなす制度を定めています。
　なお，相続人がプラスの財産の範囲で被相続人のマイナス財産を弁済することを認める限定承認という制度もあります。これは，共同相続人全員が家庭裁判所に限定承認の申述を行い，相続債権者への公告期間を経て，各相続債権者への弁済を行うことを骨子とする制度です。
　限定承認手続を行う場合には，後述する相続放棄に比べて手続が複雑となりますので，専門家に相談することをおすすめします。

② 相続放棄の手続

　相続放棄を行う場合には，その旨を家庭裁判所へ申述しなくてはなりません。ほかの共同相続人や，相続債権者に対して「私は相続を放棄します」と宣言しても，相続放棄の効果はありません。必ず，家庭裁判所へ放棄の申述をし，これを受理する旨の審判を受ける必要があります。

民法第938条
　相続の放棄をしようとする者は，その旨を家庭裁判所に申述しなければならない。

家事審判法第9条
　家庭裁判所は，次に掲げる事項について審判を行う。
甲類　29
　民法第938条の規定による相続の放棄の申述の受理

　また，相続放棄は相続開始後でなければできません。被相続人の死亡前に推定相続人があらかじめ放棄することは認められません。この点，遺留分の放棄と異なります。

　推定共同相続人の一人に単独相続をさせたいので，あらかじめ他の相続人が放棄することはできないかというご相談を受けることがあります。前出の例で申しますと，AがBに全財産を相続させたいので，C，Dからあらかじめ相続の放棄を得ておきたいと考えるような場合です。そのようなニーズを満たすためには，この相続放棄の制度を用いるのではなく，AがBに包括遺贈をする旨の遺言を作成するとともに，C，Dからは遺留分の放棄をしていただくことになります。

　相続放棄を行う際に，まず注意が必要なのは，この相続放棄の申述を行うことのできる期間が限られていることです。

民法第915条
　相続人は，自己のために相続の開始があったことを知った時から三箇月以内に，相続について，単純若しくは限定の承認又は放棄をしなければならない。

民法第921条
　次に掲げる場合には，相続人は，単純承認をしたものとみなす。
二　相続人が第915条第1項の期間内に限定承認又は相続の放棄をしなかったとき

　つまり，相続放棄を行おうとする場合には，相続の開始があったことを

知ったときから3カ月以内に家庭裁判所にその旨の申述を行わなければ，単純承認したとみなされてしまい，結果として相続放棄はできなくなるということです。この3カ月の期間を「熟慮期間」といいます。

(1) 熟慮期間の起算点
　ここで，「自己のために相続の開始があったことを知った時」とは，具体的にいつのことなのかといいますと，判例上，①相続開始原因，及び②自己が相続人になったことを知ったときであると解されています。
　①については，被相続人の死亡（あるいは失踪宣告）を知った時ということになり，日頃から被相続人と生活をともにしているような場合には比較的明らかですが，長年，音信不通であったような場合には，一体いつ死亡等を知ったのかが問題となることもあります。
　②については，第一順位の相続人の場合は①の事実を知った時点と重なることが多いと思われますが，第二順位以下の相続人は，先順位の相続人が相続放棄をするなどして，自己が相続人となったことを知った時点となります。
　実務上，しばしば問題となるのは，相続開始原因及び自己が相続人となった事実については知っていたが，債務の存在を知らなかったため相続放棄がなされないまま熟慮期間が経過し，その後，被相続人に多額の負債があることが発覚したので，相続放棄をしようとする場合です。裁判例は，債務の存在を知らなくても熟慮期間は進行するとするものと，債務の存在を知らなかった場合には，熟慮期間経過後であっても相続放棄の申述は受理すべきとするものと，両方見られます。
　本稿の目的は「リスク回避」ですので，その趣旨からすると，相続開始及び相続人となった事実を知った段階で，相続財産の把握が困難である事情が存する場合には，次項で述べる「熟慮期間の伸長」の申立をすべきです。

(2) 熟慮期間の伸長
　3カ月の熟慮期間内に相続財産の調査ができず，そのため単純承認，限定承認あるいは相続放棄のいずれを選択すべきか判断できないといった事情がある場合には，家庭裁判所に対して，熟慮期間の伸長の申立ができます。先に引用した民法915条ただし書に，その旨が定められています。

民法第915条
　相続人は，自己のために相続の開始があったことを知った時から三箇月以内に，相続について，単純若しくは限定の承認又は放棄をしなければならない。ただし，この期間は，利害関係人又は検察官の請求によって，家庭裁判所において伸長することができる。

　注意しなくてはならないのは，この熟慮期間伸長の申立そのものは，熟慮期間内に行わなくてなりないことです。つまり，相続財産についての調査が未了の場合には，3カ月以内に，家庭裁判所に対してとりあえず熟慮期間を延ばして欲しい旨の申立をすることが必要です。
　伸長の期間，伸長の回数については，特に定めはありません。家庭裁判所が諸般の事情を考慮して決めます。

（3）法定単純承認

　ところで，この相続放棄に関して忘れられがちなのが，法定単純承認の定めです。先に引用しました民法第921条には，以下の定めがあります。

民法第921条
　次に掲げる場合には，相続人は，単純承認をしたものとみなす。
一　相続人が相続財産の全部又は一部を処分したとき。ただし，保存行為及び第602条に定める期間を超えない賃貸をすることは，この限りでない。
二　〔略〕
三　相続人が，限定承認又は相続の放棄をした後であっても，相続財産の全部若しくは一部を隠匿し，私にこれを消費し，又は悪意でこれを相続財産の目録中に記載しなかったとき。ただし，その相続人が相続の放棄をしたことによって相続人となった者が相続の承認をした後は，この限りでない。

　第一号は，相続人が相続財産の処分をした場合には，単純承認したものとみなされる旨を定めています。従いまして，相続放棄はできなくなります。

例えば、相続人が被相続人所有にかかる不動産や動産を譲渡した場合や、被相続人名義の預貯金を引き出したり解約したりした場合、あるいは被相続人の債務を弁済した場合などがこれにあたります。

ただし、このような単純承認とみなされる「処分行為」に該当するかどうかは、実務上判断が分かれる場面も多くあり、一概には言えない側面もあります。例えば、前述の預貯金の解約に関して、被相続人の預貯金を解約し、被相続人の葬儀費用の支払いにあてた場合に、単純承認とみなされる「処分行為」に当たらない、とした裁判例もあります。

保存行為なのか処分行為なのか判断に迷う場合には、やはり専門家の助言を求めるのが無難と思われます。

第三号は、背信行為について定めたものです。「隠匿」とは、相続債権者から相続財産の所在を不明にすること、「私に消費する」とは、相続債権者の不利益となること承知のうえで相続財産を消費すること、「悪意の財産目録への不記載」とは、相続債権者を害する意図で財産目録に相続財産を記載しないことであると言われています。

これら背信行為は相続債権者保護のための規定ですので、ほかに単純承認をした者が現れた場合には、相続債権者はその単純承認をした相続人に相続債権の承継を主張することができますので、背信行為を行った者について法定単純承認とみなされることはなくなります。

（4）相続放棄の撤回

相続放棄の申述を家庭裁判所に行いこれを受理する旨の審判がなされますと、たとえ熟慮期間内（3カ月以内）であっても、撤回は認められません。

民法第919条
　相続の承認及び放棄は、第915条第1項の期間内でも、撤回することができない。

相続に伴う財産関係の安定を重視するための規定です。従いまして、放棄を行うか否かについては、慎重に検討する必要があります。

遺産分割手続

弁護士 **小川　剛**

　残念ながら，親族の誰かが亡くなりました。このときに相続が発生します。遺言書がある場合もありますが，多くの方は遺言書は残されていないのが現状です。
　さて，遺産はどうやって分けることになるのか，ここではその手続を検討したいと思います。

1　遺産分割手続のフロー

　遺産分割手続のフローは一般的に次のとおりです（遺言書はない前提です）。以下，この順で検討したいと思います。
　①被相続人，相続人，利害関係人の確認
　　（相続関係図の作成）
　②遺産の概要の確認
　③遺産分割手続
　　協議，調停，審判等
　④実際に遺産を分割，分配する手続

2　被相続人，相続人，利害関係人の確認

（1）被相続人の死亡日の確認

　被相続人の死亡により相続が開始します。この死亡日は戸籍により確認することになります。被相続人の死亡日は，相続の発生だけではなく，相続放棄，限定承認，遺留分減殺請求の起算日となる場合があります。親族が相次

いで亡くなったという場合，誰が相続人となるのかといった問題も生じ得るのです。よって，記憶や誰かの手帳で確認することなく，戸籍で確認をする必要があります。

（２）相続人の確定，相続関係図の作成

誰が相続人となり，どのような相続分となるかは民法に記載があります（法定相続分）。

① まず，被相続人に子（もしくは直系の孫：代襲相続という）がいれば，相続人は子（孫）のみ，もしくは子と配偶者となります。
② 子（孫）がいない場合には，親がいれば，相続人は親のみ，もしくは親と配偶者となります。
③ さらに親もいない場合には，兄弟もしくは兄弟と配偶者が相続人となります。

具体的な持ち分は次の表のとおりです（兄弟が死亡しており，その兄弟に子がいる場合には，その子，つまり甥，姪まで代襲相続により法定相続人となります）。

なお，子が複数の場合には，法定相続分を人数で割ることになります（例：相続人：配偶者と子３人の場合：配偶者１／２，子それぞれ１／２×１／３＝１／６）。

配偶者	子（孫）	親	兄弟	配偶者	子（孫）	親	兄弟
×	○	×	×		１		
○	○	×	×	１／２	１／２		
○	×	○	×	２／３		１／３	
×	×	○	×			１	
○	×	×	○	３／４			１／４
×	×	×	○				１
×	×	×	×	法定相続人の不存在			

ここまでの説明のとおり，相続人が誰であるかを確認するには，まず被相続人の子の有無を確認しなければなりません。これは，被相続人が出生して死亡するまでの戸籍を取り寄せることからはじめることになります。

戸籍は本籍地のあった市町村役場で取り寄せることができます。相続人は自分だけだと思っていたところ，被相続人が，「実は認知をしていた」，「養子を迎え入れていた」という場合もありえますので注意が必要です。

なお，養子はほかの子や兄弟と同順位の相続人となります。ただし，代襲相続権は認められません（民887②ただし）。

この調査の結果，子がいなければ親の有無，さらに兄弟の有無を確認することになります。このような手続を経て，ようやく相続関係図が作成できることになります（戸籍については，「戸籍の知識と集め方」本書93頁参照）。

（3）相続人の特定で問題となる例

相続人の特定で問題となる例をいくつか紹介します。

①相続人の不存在

遺産分割は相続人全員でなされる必要があります。相続人の一部を除外してなされた遺産分割協議は無効になります。相続人の一人につき，戸籍や住民票を調査しても，親戚に問い合わせても行方が分からない場合があります。この場合には，（ⅰ）不在者の財産管理人を選任し，この選任された財産管理人と遺産分割協議をすることになります。一般には家庭裁判所から弁護士等が財産管理人に選任されますが，その費用は申立人にて用意する必要があります。

もしくは，（ⅱ）失踪から7年以上経過していれば，失踪宣告の申立という制度もあります。失踪宣告が認められた場合には，その方については7年満了時に死亡したものとして扱われることになります（民法30条，31条）。

②相続人が相続放棄をしている

後述の相続放棄をしている場合，相続人とはなりません。この場合，相続放棄をした相続人の子に代襲相続することもありません（民887②）。

③相続人が相続欠格事由に該当する場合

故意に被相続人又は相続について先順位もしくは同順位にある者を死亡するに至らせ，又は至らせようとしたために刑に処せられた者，その他，詐欺・強迫により遺言書を作成もしくは撤回させた者，遺言書を偽造・隠匿した者

等は，相続欠格となり，相続人となることができません（民891）。

④廃除（民892）
　遺留分を有する推定相続人に著しい非行があった場合等には，被相続人はその推定相続人の廃除を家庭裁判所に請求することができます。廃除の審判がなされた場合には，その推定相続人は相続人ではなくなります。

⑤相続人に未成年者が含まれる場合
　遺産分割協議は親権者が行うことになりますが，親権者自身も相続人である場合，あるいは複数の未成年者の親権者である場合，当該未成年者と利益相反となるので，家庭裁判所に対し特別代理人の選任を求める必要があります（民法826条）。
　特別代理人が選任された場合，当該特別代理人が遺産分割協議に参加することになります。
　なお，この家庭裁判所とは，未成年者の住所地を管轄する家庭裁判所となります。

⑥相続人でない者が，戸籍上，子として相続人とされているといった場合
　この場合には，「親子関係不存在確認訴訟」による解決が必要です。また，逆に戸籍に載っていないという場合には「親子関係存在確認訴訟」，「認知請求訴訟」によることになります。

3　遺産の概要の確認

　相続人が誰になるか検討がついたら，次に遺産の概要を確認することになります。注意点は次のとおりです。

（1）遺産が債務超過だったら
　遺産は常に積極財産だけとは限りません。中には，多数の負債を抱えたまま亡くなられる場合もあります。
　この場合には，「相続放棄」もしくは「限定承認」の手続をすることになり

ます(「相続放棄の留意点」本書21頁参照)。

(2) 遺産の調査

遺産の調査とは,預貯金,不動産,有価証券,負債など,何がどの程度あるのかといったことを確認する作業です。

例えば,ある不動産について名義は被相続人の名義ではないものの,被相続人の遺産に含まれるとして遺産の該当性が問題となる場合があります。

この場合には,「遺産確認訴訟」によることになります。遺産確認訴訟は通常の民事訴訟ですが,相続人全員が原告もしくは被告として参加する必要があります。

このため,遺産であると主張する相続人全員を原告として,遺産ではないと主張する相続人全員を被告として訴訟をすることが考えられます。

(3) 遺産の評価について

①土地,建物の評価について

争いとなれば不動産鑑定士による鑑定等によります。

オーバーローン,あるいは抵当権の設定されている不動産の場合,やや困難な問題があります。「当該不動産を取得する相続人が債務も負担する」旨の合意をすることも多いですが,負債については,債権者との関係では相続人全員が相続分に応じて債務者となることに注意が必要です。

②非上場株式の評価

公認会計士による評価等によることになります。

(4) 特別受益,寄与分の確認

相続人と相続財産が確定した後に,特別受益,寄与分を調整する必要があります。

①特別受益

特別受益について,民法903条1項は「共同相続人中に,被相続人から,遺贈を受け,又は婚姻若しくは養子縁組のため若しくは生計の資本として贈与を受けた者があるときは,被相続人が相続開始の時において有した財産の価額にその贈与の価額を加えたものを相続財産とみなし,前三条の規定により

算定した相続分の中からその遺贈又は贈与の価額を控除した残額をもってその者の相続分とする」と定めています。

この具体例は，婚姻の際の持参金，嫁入り道具，事業資金の提供，住宅購入資金（高校大学の学費等は扶養の範囲とされることも多い）などです。

なお，特別受益については，「持戻し免除の意思表示」の有無が問題となりえます。これは，民法に次のとおり定められています。「被相続人が前二項の規定と異なった意思を表示したときは，その意思表示は，遺留分に関する規定に違反しない範囲内で，その効力を有する（民903条3項）」

②寄与分

寄与分については，本書38頁「寄与分」をご参照ください。

4 遺産分割手続

以上の前提問題（相続人，相続財産，相続分）を整理できたら，具体的に遺産分割手続を進めることになります。

遺産分割について，民法907条は次のとおり定めています。

（遺産の分割の協議又は審判等）
　第907条1項　共同相続人は，次条の規定により被相続人が遺言で禁じた場合を除き，いつでも，その協議で，遺産の分割をすることができる。
　2項　遺産の分割について，共同相続人間に協議が調わないとき，又は協議をすることができないときは，各共同相続人は，その分割を家庭裁判所に請求することができる。
　3項　前項の場合において特別の事由があるときは，家庭裁判所は，期間を定めて，遺産の全部又は一部について，その分割を禁ずることができる。

このように遺産分割は当事者間の協議，家庭裁判所による手続（調停，審判）により解決されることになります（前述のとおり，親子関係確認訴訟，遺産確認訴訟等，前提問題の訴訟手続もあります）。

（1）遺産分割協議

相続人全員の合意が得られる場合には、遺産分割協議によることになります。遺産分割協議書は必ず作成しなければならないわけではありませんが、預貯金の解約、不動産登記、納税手続等が発生する場合には、実印による遺産分割協議書を作成する必要があります。

また、遺言書によって相続分が定められているだけの場合にも、遺産分割協議で具体的な相続分について合意する必要があります。

相続人全員の合意が得られていればよいのであって、全員が一堂に集まる必要はありません。持ち回りにより押印をすることにより遺産分割協議書を作成することも可能です。

（2）調　停

遺産分割協議が調わない場合には、家庭裁判所の調停によることになります。調停は相手方の住所地または管轄の合意をした家庭裁判所となります。

①調停の申立

共同相続人であれば申立をすることができます。相続人全員が申立人もしくは相手方となる必要があります。

申立書は各家庭裁判所にも備え付けがあります。申立書には相続関係図、遺産目録を添付する必要があります。

そのほか、申立人及び相手方の戸籍謄本、申立人及び相手方の住民票、被相続人の出生から死亡までの戸籍謄本、改製原戸籍等が必要になります。申立費用は1,200円の印紙と数千円程度の郵便切手の納付が必要となす。

②調停手続の流れ

ア　適式な申立がなされると、家庭裁判所は第1回調停期日を決め、申立人、相手方に対しその連絡（呼び出し）をします。呼び出し状には、遺産の状況、相続人について等の照会書も同封されます。これらについて、相手方は家庭裁判所に回答をし、調停手続の参考にされます。

イ　調停手続当日は、家庭裁判所で受付をすませると、申立人、相手方と別々の待合室が用意されています。待合室で待っていると、申立人と相手

方とが交互に調停室に呼ばれ，調停がはじまります。調停室では二人の調停委員から事情を聞かれます。調停は非公開の手続ですので，傍聴は認められないのが原則です。

　もちろん，相手方が多数であれば，利害関係に応じそれぞれから話を聞くことになります。

　調停手続にて，それぞれの当事者は遺産分割についての主張をします。たとえば，相手方は生前贈与を受けている，あるいは自分には寄与分がある，といったことです。

　調停委員はこれらの言い分を聞きながら，話がまとまらないか探ることになります。当然，調停は1回で終わることはまれですので，何度か回を重ねられることになります。通常は月に1回程度の開催となります。

　遠方の当事者については，調停内容に合意ができており，調停内容に合意する旨の書面を提出している場合には，出席当事者のみで当該調停案を成立させることもできます。

　逆に調停に出てこないけれども，照会に対し，争うことを示している当事者がいる場合にも，数回の調停の開催の後，不成立となります。

ウ　一般的に調停の終了原因は三つです。

　一つは調停の成立です。調停が成立すると，各相続財産の帰属が定められるほか，一定の給付をすること等が定められます。調停調書は，執行力のある債務名義と同一の効力を持つので，調停調書に基づく強制執行をすることもできます。

　次に，調停の回数に特段の制限はありませんが，調停による解決が不可能と判断されたら（話し合いでの解決が不可能と判断されたら），調停の不成立として調停は終了することになります。この場合には，審判手続に移行することになります。

　もう一つは申立人による調停の取り下げです。訴訟と異なり，相手方の同意なく取り下げをすることもできます。この場合には，その時点で手続は終了となります。

(3) 審　判

①審判手続の開始，申立

遺産分割調停が不成立になると審判に移行します。

そのほか，調停をせずに遺産分割審判を申し立てることもできますが，一度調停に付されることになります。

ただし，調停とは管轄が異なり，被相続人の最後の住所地の家庭裁判所が管轄となりますので管轄の便宜のために，また，審判前の保全処分（審判終了時点までに財産が散逸するのを防止するための手続，調停前の保全処分はない）を申し立てるために，あえて審判を申し立てることもありえます。

②審判手続

審判は家事審判官（裁判官）が行います。家事事件の審判は，職権で手続を進めることになります。

審判手続では職権調査といって，裁判所が相続人の範囲，相続財産について調査をします。

ただし，職権で調査するといっても，全ての財産を調べてくれるわけではありませんので，相続人の範囲，知れている相続財産については裁判所に報告をしておく必要があります。また，言い分や事情については，裁判所で聞かれることもありますが，十分に伝えられるのか不安であれば，裁判所に書面で提出しておくべきです。

また，相当な費用がかかる場合もあります。例えば，相続財産である不動産の評価が問題となる場合などです。この場合には不動産の鑑定（多くは不動産鑑定士による鑑定）が必要になり，この費用は当事者の負担となります。この費用は一時的には申立人側が出すことになり，最終的には審判において費用負担者が決定されます（相続財産の取得割合等に応じて負担が命じられることがあります）。

審判手続は審判がなされることで終了します。審判までの期間は，資料がそろっていても数カ月に及ぶ場合があるなど，相当に時間がかかる場合もあります。

③審判への不服申立
　審判は，相続人等関係人に告知がなされます。この告知がなされた日の翌日から２週間を経過すると審判が確定します(家審14)。相続人毎に告知がなされた日が異なれば，確定する日も異なってきます。
　審判に不服がある場合には，この２週間の期間内に即時抗告をする必要があります。即時抗告に対しては，高等裁判所が裁判をすることになります。

5　遺産分割手続後の手続

　協議，調停，審判等の手続が完了しても，名義変更等の手続は別途必要です。主な財産は以下の手続が必要となります。
①不動産
　遺産分割もしくは相続を原因とする登記手続が必要です。詳しくは，その土地を管轄する法務局，もしくは司法書士事務所に尋ねる必要があります。
②自動車
　自動車を管轄する地方運輸局で登録手続が必要です。
③登録制度のない一般の動産
　特に不要です。
④銀行預金
　金融機関毎に運用が異なるので，あらかじめ確認する必要があります。遺産分割協議書以外に必要書類を求められることもありますので，遺産分割手続前に各金融機関に問い合わせをする必要があります。
⑤株式
　上場企業の株式の場合，取り次ぎをしていた証券会社にて手続が必要です。また，非上場株式の場合，当該会社への請求が必要となります。

　以上で，遺産分割手続はようやく終了となります。実際に自分でやろうとすると相当に大変なことが多いということが分かると思います。悩まれたら専門家への相談をおすすめします。
　また，相続は親族間の調整事項なので，あまりもめたくありません。この記事が円滑な相続手続の一助になれば幸いです。

COLUMN 1

遺産分割手続はスタンプラリー！

弁護士　小川　剛

　相続人間で無事に相続内容が決まったとしても，それで終わりではないことは，27頁のとおりです。銀行預金を解約，あるいは不動産登記を移転するには，遺産分割協議書への署名押印が必要です。そしてこの遺産分割協議書には，持ち回りで押印をすることで足ります。

　ただし，実際には簡単な話ではありません。相続人が兄弟まで及ぶ場合には，相続人が甥，姪を含め相当な人数になることもあります。特に，現在高齢者といわれる世代の方は5人兄弟，あるいはそれ以上という方も珍しくありません。また，養子縁組がなされているケースも多い時代です。こうなると，相続人は近くに住んでいるほうが珍しく，戸籍をたどって，はじめて遠方の親戚に連絡をとる，遺産分割に理解を得る，さらに押印と印鑑証明を求めるなんて苦労が必要になります。初対面の方にお金の話をするわけですから，なかなか大変です。

　このような苦労をして，ようやく押印をもらえるわけですから，この苦労は，さながらスタンプラリーのようです（印鑑証明の有効期限は3カ月ですから，印鑑証明だけ後日取り直しということもあります）。さらに，遺産分割協議書を作成し，押印を進めていると，その途中で相続人の一人が亡くなる場合もあります。この場合は，その新たに亡くなられた方の相続人全員を遺産分割協議書に加える必要があります。遺産分割協議書が加筆できるものであれば，特段問題はないのですが，遺産分割協議書内にて全相続人の氏名を特定している場合には書き直しが必要ですから，残念ながら，スタンプラリーは振り出しに戻ることを覚悟したほうがよさそうです。

　遺産が全て自分のものになるのであれば，多少の苦労はやむを得ませんが，相続人で平等に分配するのに，なぜ私が苦労するのかと不満もあると思います。しかし，あなたのスタンプラリーにより「争族」となることを回避し，円満な遺産分割手続ができるのです。大変ですががんばってみてください。多くの苦労を経て全ての押印（スタンプ）をゲットしたときは，まさにゴールの達成感があるはずです。

寄与分

弁護士 **堀　繁造**

1 寄与分とは

　寄与分とは，「共同相続人中に，被相続人の事業に関する労務の提供又は財産上の給付，被相続人の療養看護その他の方法により被相続人の財産の維持又は増加について特別の寄与をした者があるときは，被相続人が相続開始のときにおいて有した財産の価額から共同相続人の協議で定めたその者の寄与分を控除したものを相続財産とみなし，第900条から第902条までの規定により算定した相続分に寄与分を加えた額をもってその者の相続分とする」（民法第904条の2第1項）というものです。

　本来，各相続人の相続分は，被相続人の遺言がない場合，法定相続分（民法第900条，901条）を基準として，これに特別受益（民法第903条，904条）を考慮して定めることになるのが原則です。

　しかしながら，共同相続人中に，家業に従事したり，金銭を提供したり，被相続人の療養看護をしたりして，被相続人の財産の維持や増加に貢献した者がいる場合，法律で定められた割合の相続分によって遺産分割を行うと，形式的には平等であっても，実質的には不平等が生じることがあります。

　そこで，共同相続人間の実質的な平等を実現するために，昭和55年の法律改正により新たに設けられたのが寄与分の制度です。

2 寄与分の定め方

　寄与分を定める方法は，まず，共同相続人全員の協議によって定めることができ（民法第904条の2第1項），協議が調わないとき，または協議をすることができないときは，家庭裁判所が，寄与をした者の請求により，寄与の

時期，方法及び程度，相続財産の額その他一切の事情を考慮して，寄与分を定めることとなります（民法第904条の2第2項）。

③ 寄与分の要件

条文（民法第904条の2第1項）にもありますとおり，寄与分が認められるための要件は，
　① 共同相続人であること（寄与の主体）
　② 被相続人の財産の維持又は増加に特別の寄与をしたこと（寄与の態様）
の二つです。
②の態様は，さらに，
　A　被相続人の事業に関する労務の提供
　B　被相続人の事業に関する財産上の給付
　C　被相続人の療養看護
　D　その他の方法
の四つの態様に分かれます。本稿では，寄与の態様を中心に説明したいと思います。

④ 寄与の態様

(1) 被相続人の事業に関する労務の提供
　労務の提供としては，被相続人の事業（農業，自営業など）に共同で従事した場合が典型です。これが特別の寄与に当たるかどうかは，従事した期間，労務提供の程度，報酬の有無・額などを考慮して定めることになります。では，どのような場合に寄与分が認められるのか，いくつか裁判例を紹介いたします。

A　寄与分が認められた裁判例
ア　農業に従事した事例（横浜家裁審判平成6年7月27日）
　被相続人は，大正4年9月19日Aと婚姻し，Aの父Bが大正7年7月5日死亡したため，Aが家督相続により農地約2町3反を相続し，被相続人

夫婦は農業によって生活してきた。Aと被相続人間の長男であるC（相手方Dの父）は，昭和17年4月4日Eと婚姻し，C，E夫婦と被相続人らが農業に専従していたが，Aは昭和27年ころ貸家を建てその家賃収入を得，Cは農閑期に工場で働くなどの副収入を得て，被相続人らの生活費に当てた。昭和31年12月13日Aが死亡したため，それ以降，Cが中心となって農業経営を維持し，Aの遺産は被相続人とCが相続し，被相続人の相続した物件が本件遺産となった。被相続人は昭和41年ころ脳溢血で倒れ，それ以降農作業はできなくなったところ，昭和43年8月28日Cが死亡し，農業の中心的担い手は相手方D及びEとなった。遺産の固定資産税は，昭和31年から昭和43年はCが，昭和43年以降はDが負担した。

　以上の事実によれば，亡C及びE，Dは亡A及び被相続人の家業である農業を維持することによって農地などの遺産の維持に寄与したものと認められ，亡Cの代襲相続人であるDは，被相続人の相続人としての亡Cの地位を承継するのであるから，亡Cの寄与分あるいは，EがC及びDの履行補助者として寄与したことを承継ないし包含するものということができる。そこで，Dの寄与分として本件遺産の前記評価額の50パーセントと認めるのが相当である。

イ　自営業（薬局）に従事した事例（福岡家裁久留米支部審判平成4年9月28日）

　Aは，昭和46年ころから家業の薬局経営を手伝い，昭和56年からはB（被相続人）に代わって経営の中心となり，昭和60年に薬局を会社組織にした後も，店舗を新築するなどして経営規模を拡大した。その間，Aが無報酬又はこれに近い状態で事業に従事したとはいえないが，それでも，Aは，薬局経営のみが収入の途であったBの遺産の維持又は増加に特別の寄与貢献を相当程度したものと解せられる。その程度は，本件における一切の事情を斟酌し，Bの相続開始時（昭和61年9月9日）における遺産の評価額の総額1億2943万6880円から当時の負債3715万1256円を控除した9228万5624円の32パーセント強，金額にして3000万円と認めるのが相当である。

B　寄与分が否定された裁判例
ウ　農業に従事した事例（熊本家裁審判平成9年2月18日）
　　申立人が家業である農業に従事したのは家族の一員としての域を出ないものであって，たとえ，その度合いがほかの3人の姉妹のそれよりも高いものであったとしても，もともと，本件不動産のほとんどは被相続人が先代から受け継いだものであり，申立人による家業の従事がその維持又は増加につき特別の寄与をしたとはとうてい認められない。また，申立人が支弁したという費用が本件不動産の維持又は増加とどのような関わりがあるのかも明らかでない。これらの費用の中には申立人が同居の家族の一員として自ら進んで負担したとみられるものもないではないし，相手方Aが自ら負担すべきものと認めているものについてはその支払を求めることもできないわけではない。したがって，申立人の寄与分を定める処分を求める申立ては理由がないので，これを却下すべきである。

（2）被相続人の事業に関する財産上の給付
　財産上の給付としては，被相続人の事業について資金・資産を提供したり，被相続人の負債を代わって弁済したりする場合が典型です。これが特別の寄与に当たるかどうかは，給付した財産の額，無償であるか（対価がないか），どの程度の効果があったかなどを考慮して定めることになります。では，どのような場合に寄与分が認められるのか，いくつか裁判例を紹介します。

A　寄与分が認められた裁判例
ア　被相続人経営の会社へ資金援助した事例（高松高裁決定平成8年10月4日）
　　A建設は被相続人が創業した株式会社であって被相続人とは別人格として存在しており，その実質が個人企業とは言いがたい。しかし，被相続人はA建設から生活の糧を得ており，自己の資産の殆どをA建設の事業資金の借入の担保に供し，被相続人から恒常的にA建設に資金援助がなされ，またA建設の資金が被相続人に流用されたりしている。これらの事情に照らせば，A建設は被相続人の個人企業に近い面もあり，またその経営基盤の主要な部分を被相続人の個人資産に負っていたものであって，被相続人

がその個人資産を失えばA建設の経営は危機に陥り，他方A建設が倒産すれば被相続人は生活の手段を失うばかりでなく，担保に供している個人資産も失うという関係にあり，A建設と被相続人とは経済的に極めて密着した関係にあったものである。そうすると，A建設の経営状態，被相続人の資産状況，援助と態様等からみて，A建設への援助と被相続人の資産の確保との間に明確な関連性がある場合には，被相続人に対する寄与と認める余地があるということができる。〔略〕Bの被相続人に対する資金援助のうち，約1億1000万円については対価のない無償の援助ということになるが，この金額自体は正確なものではなく，また，A建設に対する恒常的な資金援助については金融の利益と利息分が寄与として評価されるべきものであるところ，その額についてはかなり高額であることが窺えるものの正確に算出することが困難である。他方，Bは，C整形及びD病院を開院する際にはA建設から資金提供を受けたり，病院の開院資金や増設資金を借り入れるについては被相続人の不動産を担保として利用したり，C整形の敷地である遺産の土地を暫くの間は無償で利用していたという利益も受けている。このような事情を総合すれば，Bの寄与分については，控えめに評価して遺産全体の20パーセントと認めるのが相当である。

イ　遺産たる不動産の取得に協力した事例（神戸家裁伊丹支部審判昭和62年9月7日）

　当裁判所の認定する以下の各事実によれば，申立人は被相続人の本件遺産の形成につき特別の寄与があったものというべきであり，その寄与の額は，本件遺産の3分の1相当額，すなわち1612万3770円とするのが相当である。

①　被相続人と申立人は，昭和33年4月2日婚姻したものであるが，当時両名ともこれといった財産はなく，中学校教諭をしていた被相続人の給料と申立人の持参金10万円をもって4畳半1間の賃借アパートで新婚生活を始めた。

②　申立人は，婚姻当初は主婦として家事に専念していたが，その後夫婦の念願であった自宅の購入資金を得る目的で働きに出ることになり，昭和35年1月から昭和37年6月までは○○証券株式会社○○支店に，昭和38年

5月から昭和44年7月までは○○工務店に,同年8月から昭和47年12月までは○○広告社に,昭和48年9月から昭和49年3月までは株式会社○○作業所にそれぞれ勤務し,その間これらの勤務先から被相続人の収入の3分の1程度から2分の1程度の収入を得た。そして,昭和49年4月からは再び主婦として家事に専念するようになり,現在に至っている。

③　被相続人は,申立人の上記協力の下に,昭和41年6月申立人の弟である○○から別紙遺産目録内容欄第1の1記載の土地の約半分を買受けたうえ,昭和42年5月同土地上に同第1の2記載の建物(但し,増築前のもの)を建築し,昭和43年2月上記○○から上記土地の残り半分を買受け,昭和49年及び昭和57年の2回にわたって上記建物を増築して現在の建物にした。そして,昭和53年5月別荘用地として売出された同第1の3記載の土地を購入したほか,別紙遺産目録内容欄記載のその余の各財産を取得した。しかし,申立人の方は,自己の名義をもってこれといった財産を取得していない。

④　なお,被相続人は,昭和56年3月31日中学校教諭の職を依願退職し,その際退職金として2219万円余の支給を受けたが,現実の受領額は右金額から共済償還金(共済組合からの借入金に対する返済金)を控除した1532万円余であった。そして,被相続人は,右金員のうち約1000万円を上記③記載の建物増築費用に300万円を(別)の貸付信託金に200万円を別紙遺産目録内容欄第2の1記載の信託金に,その余を生活費にそれぞれ使用した。

B　寄与分が否定された裁判例

ウ　妻が家計援助した事例(長野家裁審判平成4年11月6日)

相手方は被相続人の療養看護に努めたり,共働きをして家計を助けるなどしており,本件遺産の形成維持に特別の寄与があった旨主張するが,療養看護の点については配偶者として通常の行為以上になされたものとは認められず,また共働きをして寄与したとの点についても,格別遺産の形成維持に寄与したとまでは認めることはできず,いずれにしても相手方の寄与分の申立は理由がない。

（3）療養看護

療養看護としては，病気になった被相続人を看病したり，身の回りの世話をしたりすることが典型です。療養看護は配偶者や子どもが行う場合が多いと思われますが，扶養義務者や親族として通常期待される以上の行為を行ったかどうかを考慮して定められることになります。では，どのような場合に寄与分が認められるのか，いくつか裁判例を紹介します。

A　寄与分が認められた裁判例

ア　入退院の付添などの療養看護をした事例（広島高裁決定平成6年3月8日）

　抗告人Aは，平成元年9月ころから，相手方Bの懇請により被相続人を引き取り，平成3年4月28日同人が死亡するまでの間，高齢のため次第に体が衰弱し入，退院を繰り返すようになった同人の日常の世話はもとより，入，通院の付き添いなど同人の療養看護に努めたことが認められる。

　そうすると，抗告人Aは，被相続人の療養看護によりその財産の維持又は増加につき特別の寄与をしたとみるべきであり，右寄与の時期や期間及び程度，前記認定の遺産の評価額その他一切の事情を考慮すると，同抗告人の寄与分は，300万円と認めるのが相当である。

イ　認知症の被相続人の療養看護をした事例（盛岡家裁審判昭和61年4月11日）

　申立人は，A死亡後，20年余にわたり病弱で老齢の被相続人と同居して扶養し，殊に被相続人の痴呆が高じた昭和46年以降その死亡に至るまでの10年間は常に被相続人に付添って療養看護を要する状態となり，申立人がこれに当ってきたのであり，少なくとも後半の10年間の療養看護は，親族間の扶養義務に基づく一般的な寄与の程度を遙かに超えたものというべく，被相続人は他人を付添婦として雇った場合支払うべき費用の支払を免がれ，相続財産の減少を免がれたことは明らかであり，従って申立人には，被相続人の療養看護の方法により被相続人の財産の維持につき特別の寄与があったものというべきである。

　そこで，申立人の寄与分の額について算定するに，申立人代理人提出の

調査報告書によると，B看護婦・家政婦紹介所扱いの昭和58年当時の協定料金は，基本料金１日4500円で，それに泊り込みの時間外手当が加わると１日6750円であることが認められ，被相続人が昭和46年以降の10年間職業付添婦を雇ったとすると，6750円×365日×10年の計算式により，支払うべき総額は2463万7500円となる。しかし，被相続人の場合，いつ頃から夜間せん妄の症状が現われ，夜間の付添看護が必要となったのかについては，証拠上明らかではないが，申立人提出の神経科医師○○作成の診断書及び家庭裁判所調査官作成の調査報告書中の申立人の供述記載部分によれば，被相続人の痴呆は次第に高度になったものであり，常時監視していないと危険な状態となり，申立人及び家族が交替で不寝番をしなければならなくなったのは「最後の頃」であったと認められるので，10年間全部について夜間の看護を要したものとしてなした上記計算は相当でなく，夜間の看護が必要となったのは，相手方Ｃが盛岡市から青森市の相手方Ｄ方に転居した昭和53年以降であるとするのが相当である。してみると，申立人の療養看護により被相続人が支払を免れた総額は，（4500円×365日×６年）＋（6750円×365日×４年）の計算式により1971万円となる。そして，申立人は職業付添婦ではないことや昭和46年から６年間くらいは被相続人の療養看護の傍，家族のための一般家事労働をなす余裕もあったものと認められることを考慮すると，申立人の療養看護による寄与分の額は上記金額の60パーセント程度，すなわち1182万6000円と認めるのが妥当である。

B　寄与分が否定された裁判例
ウ　子による療養看護の事例（東京家裁八王子支部審判平成５年７月15日）
　相手方Ａは被相続人両名の生前，他の相続人（当事者ら）に比べればその近くに住み，ある程度密接な生活関係を有していた事実を認めることができるが，問題は同相手方が他の相続人に比べて，本件各遺産の形成維持について特段に貢献していたことがあるとか，被相続人両名の療養看護についても，長く共同生活をするとかこれに専心従事するなどして他の相続人に比べて格段に重い負担をするなどした事実があるとかして，法定相続分に応じた配分によっては常識上あまりにも不公平不相当であり，ひいては社会正義に反することになるという事実までがあったか否か，であろう。

ところで，相手方Aはもとより被相続人両名の実子なのであって，両親に対する必要な身の回りの世話や療養看護は報酬あるいは見返りを目的にしてなすべきものではないし，またそれは基本的にはそれぞれの相続人がそれぞれの事情に応じて自発的に負担しあう性質のものであるから，そのなした事柄の程度，性質に多少の違いがあっても，当事者の合意による調整・配慮の範囲を越えて，裁判所が寄与分として相続による取得分に差をもうけることには慎重であるべきであろう。本件においては，当事者らの各審問の結果その他の証拠を綜合しても，同相手方が申立人両名や相手方Bに比べてなお被相続人両名の財産の形成，増加あるいは維持，またはその療養看護について遺産の法定相続分による配分の割合を大幅に変更しなければ相続人間の公平に反し正義に反するような特別の寄与をなしたといいきれるほどの行為をなした事実を認めることはできない。よって，相手方Aの被相続人両名の遺産についての本件寄与分の確定の申立はいずれも理由がなく，主文1項のとおりその申立は却下することとする。

（4）その他の方法

　上記（1）～（3）以外の方法により，被相続人の財産を維持又は増加させる行為がこれに該当します。よく問題となるのが，配偶者の家事労働や被相続人の扶養ですが，これらも一定の場合（通常期待される程度を大きく超えている場合）には寄与分が認められることがあります。
　典型的な配偶者の家事労働や被相続人の扶養以外の場合で，寄与分が認められた裁判例をいくつか紹介します。

特殊な寄与分が認められた裁判例
ア　裁判の逆転勝訴に貢献した事例（大阪家裁審判平成6年11月2日）
　　被相続人が遺産不動産に係る訴訟の第一審で敗訴した後，AがBの夫Cらの協力を得て証拠の収集に奔走し，遂に控訴審において逆転勝訴の結果を得ることに顕著な貢献があったことが認められ，今日の遺産の存在についてその功績を無視することはできないから，同人の右行為は，訴訟代理人である弁護士の指導があったであろうことを考慮しても，なお親族としての扶助義務の範囲を超え，かつ単なる精神的寄与以上のものであって，

遺産の維持につき特別の寄与があったというべきである。

　そして，寄与の時期，方法および程度，相続財産の額，上記特別受益その他一切の事情を考慮すると，同人の寄与分を遺産の1割と認めるのが相当である。

イ　遺産たる土地売却に努力した事例（長崎家裁諫早出張所審判昭和62年9月1日）

　　相手方Aは，その費用で，長崎市○○××番地所在の被相続人の自宅を改造し，母屋を間貸し，小屋を自用できるようにした。その後本家建物の老朽化にともない建物を解体更地とするため借家人の立退き交渉や建物の解体・減失登記手続をなした。また，被相続人の売却依頼に基づき，当該土地の買手を探し，昭和54年2月10日○○工業（株）との間で坪25万円で売買契約を締結した。その際公簿面積は462㎡であったが，隣接地権者との交渉を重ね，実測面積527.72㎡を確保し，売買面積を65.72㎡増加させた。その後，その売却代金のうち2000万円を信託預金にし，また余剰金は預金・定期預金にするなどして管理し，流動資産の減少防止，有利な運用に努めた。さらに，被相続人と昭和54年5月11日から同56年7月25日まで約2年2月同居して，その介助身辺の世話をした。以上のような資産の増加に貢献した額は500万円世話・扶養の額は260万円計760万円を相手方Aの特別寄与として主張するとしている。

　　ところで，被相続人の介助の点については，被相続人に対する世話は日常生活（食事の仕度・洗濯等）の範囲内のもので，それ以上の特別の介護費用を要する種類のものではなく，肉親としての当然の互助の範囲を出るものではなく，相続財産の維持に貢献したとまでみることはできない。

　　次に，土地売却にあたっての寄与の主張については，土地の実測面積が公簿面積より広かったことは，土地自体の有していた経済的価値が顕現したものにすぎず，このこと自体を相手方Aの寄与とみることはできない。しかし，土地売却にあたり借家人の立退交渉，家屋の取壊し，減失登記手続，売買契約の締結等に努力したとの事実は認められるので，売却価格の増加に対する寄与はあったものとみることができる。そして，その程度は，不動産仲介人の手数料基準をも考慮し，300万円と認めるのが相当である。

従って，相手方Ａの寄与分を300万円と定める。

5 最後に

　裁判例も述べるとおり，現行法では，遺産分割はあくまでも法定相続分による平等な配分が原則であり，寄与分を認定してこの配分の割合が変更されるのは，法定相続分に応じた配分によっては常識上あまりにも不公平不相当であり，ひいては社会正義に反することになるような場合に限られます。

　そして，寄与分を認めなければ社会正義にも反するような場合といえるためには，相続人において，相続財産を維持又は増加するために，通常期待される以上の高度な行為（特別の寄与）を行ったと認められることが必要であることを肝に銘じましょう。

相続税申告の基礎

税理士 **鵜池隆充**

1 相続税の計算方法の概略

(1) 課税価格の計算

相続又は遺贈や相続時精算課税に係る贈与により財産を取得した人ごとに課税価格を計算します。

相続又は遺贈により取得した財産の価額（注１）	債務及び葬式費用の金額	相続開始前３年以内の暦年課税分の贈与財産価額	課税価格
みなし相続財産の価額（注１）		純資産価額（注２）	
相続時精算課税適用財産の価額			

（注１）「相続又は遺贈により取得した財産の価額」及び「みなし相続財産の価額」には、非課税財産の価額は除かれます。
（注２）「純資産価額」は、赤字のときは「０円」とします。

(2) 課税遺産総額の計算

課税遺産総額は、上記（１）で計算した各人の課税価格の合計額から遺産に係る基礎控除額を控除して計算します。

相続人Ａの課税価格	課税価格の合計額		課税遺産総額
相続人Ｂの課税価格			
相続人Ｃの課税価格		遺産に係る基礎控除額（注）	

(注)
① 「遺産に係る基礎控除額」は，次のとおりです。

　　遺産に係る基礎控除額＝5,000万円＋（1,000万円 × 法定相続人の数）

② この場合の「法定相続人の数」とは，民法の規定による相続人の数をいいますが，相続の放棄があった場合には，その放棄がなかったものとした場合における相続人の数をいいます。
　　また，被相続人に養子がある場合の「法定相続人の数」に算入する養子の数には制限があります。

（3）相続税の総額の計算

相続税の総額は，前記（2）の課税遺産総額を前記（2）の法定相続人の数に応じた相続人が法定相続分に応じて取得したものとした場合におけるその各取得金額につき，それぞれ，その金額を「相続税の速算表」に当てはめて計算した税額を合計した金額とします。

つまり，相続税の総額は，実際の遺産分割の内容に関係なく計算されます。

課税遺産総額

- 相続人Aの法定相続分に応ずる取得金額 × 税率 ＝ 相続人Aの法定相続分に応ずる税額
- ＋
- 相続人Bの法定相続分に応ずる取得金額 × 税率 ＝ 相続人Bの法定相続分に応ずる税額
- ＋
- 相続人Cの法定相続分に応ずる取得金額 × 税率 ＝ 相続人Cの法定相続分に応ずる税額

＝相続税の総額

〈相続税の速算表〉

法定相続分に応ずる各人の取得金額	税率	控除額
1,000万円以下	10％	―
3,000万円以下	15％	50万円
5,000万円以下	20％	200万円
1億円以下	30％	700万円
3億円以下	40％	1,700万円
3億円超	50％	4,700万円

〈相続税の総額の計算例〉

| 課税遺産総額 | 70,000,000円 |

法定相続人	法定相続分	法定相続分に応ずる取得金額	速算表	相続税の総額の基となる税額
妻	1／2	35,000,000円	×20％－200万円＝	5,000,000円
子	1／4	17,500,000円	×15％－ 50万円＝	2,125,000円
子	1／4	17,500,000円	×15％－ 50万円＝	2,125,000円
			相続税の総額	9,250,000円

(4) 各人の算出税額の計算

①各相続人等の相続税額

各相続人等の相続税額は，前記(3)で計算した相続税の総額に，各相続人等の課税価格が課税価格の合計額のうちに占める割合を乗じて算出した金額とします。

つまり，相続税の総額を各相続人等の課税価格の割合に応じて各相続人等に配分します。

〈各相続人等の相続税額の計算例〉

| 相続税の総額 | 9,250,000円 |

相続人	各人の課税価格	按分割合	各人の算出税額
妻	90,000,000円	0.6000000000	5,550,000円
子	30,000,000円	0.2000000000	1,850,000円
子	30,000,000円	0.2000000000	1,850,000円
合計	150,000,000円	1.00	9,250,000円

②相続税額の加算

相続又は遺贈や相続時精算課税に係る贈与により財産を取得した人が，被相続人の一親等の血族（その被相続人の直系卑属が相続開始以前に死亡し，又は相続権を失ったため，代襲して相続人となったその被相続人の直系卑属を含みます）及び配偶者以外の人である場合においては，その人に係る相続税額は，上記①により算出した金額にその2割に相当する金額を加算した金

額とします。

この場合の一親等の血族には，被相続人の直系卑属がその被相続人の養子となっている場合を含みません。ただし，その被相続人の直系卑属が相続開始以前に死亡し，又は相続権を失ったため，代襲して相続人となっている場合は，この限りではありません。

> ＊相続時精算課税適用者が相続開始時に被相続人の一親等の血族に該当しない場合において，相続時精算課税に係る贈与により財産を取得した時においてその被相続人の一親等の血族であったときには，その財産に対応する相続税額として所定のものについては，加算の対象となりません。

(5) 各人の納付・還付税額の計算

前記(4)で計算した各人の算出税額から「税額控除」や「相続時精算課税分の贈与税額」などを控除した金額をもって，各人の納付すべき相続税額又は還付される税額となります。

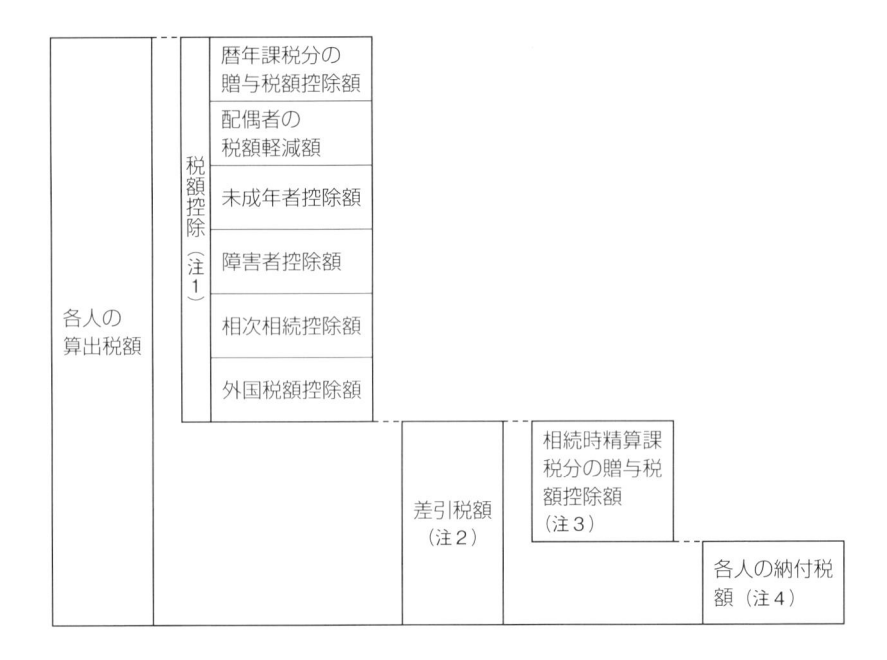

各人の算出税額	税額控除（注1）	暦年課税分の贈与税額控除額
		配偶者の税額軽減額
		未成年者控除額
		障害者控除額
		相次相続控除額
		外国税額控除額
	差引税額（注2）	相続時精算課税分の贈与税額控除額（注3）
		各人の納付税額（注4）

(注1) 「税額控除」の控除順序は，次によります。
　①暦年課税分の贈与税額控除額

②配偶者の税額軽減額
　　③未成年者控除額
　　④障害者控除額
　　⑤相次相続控除額
　　⑥外国税額控除額
　＊先順位の税額控除をして，相続税額が零となる場合又は当該税額控除の金額が控除しきれない場合は，後順位の税額控除をすることなく，その人の納付すべき相続税額はないものとなります。
（注2）「差引税額」は，赤字のときは「0円」とします。
（注3）その贈与税額の計算で控除した外国税額控除前の税額とし，延滞税，利子税，過少申告加算税，無申告加算税及び重加算税に相当する税額を除きます。
（注4）赤字となる場合には，次の金額が還付される税額となります。

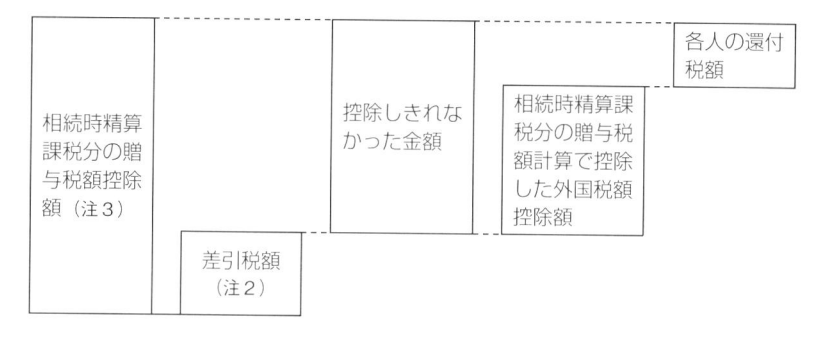

相続時精算課税分の贈与税額控除額（注3）	控除しきれなかった金額	相続時精算課税分の贈与税額計算で控除した外国税額控除額	各人の還付税額
	差引税額（注2）		

2　相続税の納税義務者

次のいずれかに掲げる人は，相続税を納める義務があります。

①　相続又は遺贈（贈与をした人の死亡により効力を生ずる贈与を含みます。以下同じ）により財産を取得した個人で当該財産を取得したときにおいて日本国内に住所を有するもの。

②　相続又は遺贈により財産を取得した日本国籍を有する個人で当該財産を取得したときにおいて日本国内に住所を有しないもの（当該個人又は当該相続若しくは遺贈に係る被相続人〔遺贈をした人を含みます〕が当該相続又は遺贈に係る相続の開始前5年以内のいずれかの時において日本国内に住所を有していたことがある場合に限ります）。

③　相続又は遺贈により日本国内にある財産を取得した個人で当該財産を取得したときにおいて日本国内に住所を有しないもの（②に該当する人を除きます）。

④　贈与（贈与をした人の死亡により効力を生ずる贈与を除きます）により相続時精算課税の適用を受ける財産を取得した個人（①から③に掲げる人を除きます）。

3　人格のない社団又は財団などに対する課税

①　代表者又は管理者の定めのある人格のない社団又は財団に対し財産の遺贈があった場合においては，当該社団又は財団を個人とみなして，これに相続税が課税されます。なお，社団又は財団の住所は，その主たる営業所又は事務所の所在地にあるものとみなします。

②　持分の定めのない法人（持分の定めのある法人で持分を有する者がないものを含みます。以下同じ）に対し財産の遺贈があった場合において，当該遺贈により当該遺贈をした人の親族その他これらの人と特別の関係がある人の相続税の負担が不当に減少する結果となると認められるときには，当該持分の定めのない法人を個人とみなして，これに相続税が課税されます。

③　①又は②の適用がある場合において，これらの規定により①の社団もしくは財団又は②の持分の定めのない法人に課税される相続税の額については，所定の方法により，これらの社団もしくは財団又は持分の定めのない法人に課税されるべき法人税その他の税の額に相当する額を控除します。

4　相続税の申告書の提出期限と提出先

（1）相続税の申告書の提出期限
　　相続税の申告書は，その相続の開始があったことを知った日の翌日から10

カ月以内に提出しなければなりません。なお，相続税の申告書の提出期限の日が，日曜日や祝日などの休日又は土曜日であるときには，これらの日の翌日が申告書の提出期限となります。

(2) 相続税の申告書の提出先

相続税の申告書は，被相続人の死亡のときにおける住所地を所轄する税務署に提出します。

5　平成23年度の税制改正大綱について

平成23年度の税制改正で，遺産に係る基礎控除額や税率構造などの相続税に関する改正が予定されておりますが，執筆現在（平成23年4月30日）において法案が成立しておらず，また，現時点では法案が成立するかどうか不透明な状況です。よって，上記は，この平成23年度の税制改正を考慮していない内容となっております。

ご検討されていますか？相続時精算課税

税理士 **服部康太郎**

1 はじめに

相続税，みなさんどういうイメージをお持ちでしょうか。

表1 相続税税額表

課税標準	税率	控除額
1,000万円以下	10%	0円
3,000万円以下	15%	50万円
5,000万円以下	20%	200万円
1億円以下	30%	700万円
3億円以下	40%	1,700万円
3億円超	50%	4,700万円

「高い」，「所得税を納めて残った財産なのに，なんでまた相続税が課されなきゃならないんだ」，「財産が現預金中心ならまだいいが，不動産や経営する会社の自社株式など流動性の低いもの中心の場合は，相続税を払うためにその財産を売却しなければならない，あるいは借入して納税資金を捻出しなければならない」。

一方で，「相続財産はいくら子を思う親の気持ちとはいえ，子からしてみると自分の努力や能力で手にするものではなく，それは一種のあぶく銭みたいなものだから高い税金が課されて当然だ」，「適度に課税しておかないと世代を経るごとに個人の能力では如何ともし難い貧富の格差が生じてしまう」，あるいはもっと単純に，「20年にもわたって景気がほとんど上向かないこんなご時世なのだから，取れるところから取るしかないだろう」などなど。

置かれている状況，税に対する考え方により，相続税の税率を含め課税水

準が妥当か否か，人それぞれ意見の分かれるところでしょう。

しかし，平成22年12月に次のようなデータが公表されています。すなわち，平成21年の死亡者に占める相続税の課税件数の割合は約4.1％。

これはなにもこの年だけに限ったことではありません。平成13年に課税割合は5％を切って，ここ数年は4％台前半の低い水準で推移し続けています。ご存じのとおり，相続税は相続財産にそのまま税率をかけて算出されるわけではなく，基礎控除（5,000万円＋1,000万円×法定相続人の数）や配偶者に対する税額軽減（1億6000万円と配偶者の法定相続分相当額のいずれか多い金額）ほかの各種控除制度などにより，実際に相続税がかかる課税標準は相当程度圧縮されるためです。

つまり，相続税に対して意見があろうとなかろうと，現実には95％以上の人は相続税と事実上関係がないのです。

それでは，贈与税はどうでしょうか。

表2　贈与税税額表

基礎控除後の課税価格	税率	控除額
200万円以下	10％	0円
300万円以下	15％	10万円
400万円以下	20％	25万円
600万円以下	30％	65万円
1,000万円以下	40％	125万円
1,000万円超	50％	225万円

基礎控除は110万円

これは年間110万円を超える贈与からいきなり税額が発生するわけですから，相続税には無縁の多くの人にも関わってくる問題です。よくあるのは，子どものマイホーム購入にあたってお父さんお母さんが資金援助してあげる，子どもの独立開業にあたって資金援助してあげる，又はお孫さんの大学入学にあたっておじいちゃんおばあちゃんが学費を出してあげるなどです。

どうでしょうか。ほとんどの人にとって相続発生の時まで待っていれば，

どうせ無税になるのに，今，必要なんだという時に贈与すると税金がかかってしまう。そういったジレンマを解消し，あるいは下の世代への財産移転を加速し，経済の活性化に資するために，平成15年に導入されたのが，今回ご紹介する「相続時精算課税」です。制度導入より一定程度経過し，名称くらいは一般的になってきていますが，まだまだ本格的に検討されている方は多いとはいえないようです。もちろん将来的に相続税の課税対象になるような方でも使い方次第では有利になることもありますので，是非一度検討してみて下さい。

② 制度の概要

簡単に言いますと「相続時精算課税」は，「相続税」と「贈与税」をつなぐ制度です。

贈与を受けた人は，その贈与を受ける人ごとに「暦年課税による贈与」（以下「暦年課税」といいます。何も選択しなければこちらです）で申告するか，「相続時精算時課税制度による贈与」（以下「相続時精算課税」といいます）で申告するか選択します。父からは相続時精算課税，母からは暦年課税といったことも当然可能です。

相続時精算課税の適用を受けて申告した贈与税における特別控除額は2,500万円です。すなわち2,500万円以内の贈与なら1回いくらでも，何回でも贈与税はかからないのです。なお，2,500万円を超える部分の金額に対しては一律20％の贈与税が課されます。

その後，相続が発生した時に，それまで「相続時精算課税」の適用を受けて贈与された財産と相続した財産とを合計した価額をもとに相続税額を計算します。そうして計算した相続税額からすでに納付した贈与税額を控除します。控除しきれない贈与税額がある場合には，還付を受けます。すなわち相続発生時に贈与税と相続税との間で精算を行う制度なのです。

③ 適用対象者

相続時精算課税の適用対象者は，次のとおりです。

受贈者：
　贈与税の推定相続人である直系卑属のうち，贈与を受けた年の1月1日において20歳以上である者
（注1）「贈与をした者の推定相続人」とは，その贈与をした日現在においてその贈与をした者の最先順位の相続権（代襲相続権を含みます）を有する者をいい，推定相続人であるかどうかの判定は，当該贈与の日において行います。
（注2）贈与者の養子など推定相続人になった場合は，推定相続人となった時前に贈与を受けた財産には相続時精算課税が適用されませんが，この適用のない受贈財産に係る贈与税額は，暦年課税により計算することとなるため，110万円の基礎控除の適用があります。

贈与者：
　贈与をした年の1月1日において65歳以上である者

　簡単に言いますと，いわゆる一般的な普通の親子関係のほかに，法律上養子縁組をした場合のその養父母と養子の関係，あるいは祖父母とその代襲相続人となる孫との関係があげられます。

4 適用手続

　相続時精算課税の適用を受けようとする受贈者（財産を貰った方が手続をします）は，贈与を受けた財産に係る贈与税の申告期限内に「相続時精算課税制度選択届出書」（贈与者ごとに作成します）を贈与税の申告書に添付し，贈与税の納税地の所轄税務署長に提出しなければなりません。
　「相続時精算課税制度選択届出書」を提出した場合には，その届出書に係る贈与者からの贈与により取得する財産については，その適用を受けた年分以降，すべて相続時精算課税の適用を受けることになります。
　なお，一度提出した「相続時精算課税選択届出書」は撤回することはできません。
　また，「相続時精算課税選択届出書」をうっかりその提出期限までに提出し

なかった場合には，その年は相続時精算課税の適用を受けることはできません（その場合は通常どおり暦年課税の適用を受けることになります）。

従いまして，例えば，相続時精算課税を前提に子が親から2,000万円の資金提供を受けてマイホームを建てるとします。相続時精算課税選択届出書を申告期限内に提出すれば，2,500万円の特別控除枠の範囲内ですので，その贈与に関しての贈与税は0円ですが，その提出を失念した場合は，暦年課税の適用を受けるため，「表2 贈与税税額表」に照らし計算しますと，720万円もの贈与税が課されますので，くれぐれも注意が必要です。

⑤ 受贈者が贈与者より先に死亡した場合

「相続時精算課税」では，その適用対象者である受贈者が受贈した贈与財産は，その贈与者の相続時に取得する相続財産と合算して相続税額が計算され，すでに支払った贈与税額はその時点で精算されることになります。しかし，その精算を待たずに，例えば，受贈者たる子が贈与者たる親より先に亡くなった場合にはどうなるのでしょうか。

この場合，その贈与財産は受贈者たる子のさらに子である孫が相続により取得することになります。すなわち，亡くなった受贈者たる子の相続にあたりましては，その受贈者たる子本来の財産と相続時精算課税により受贈した財産のうちその死亡時に残っているものが相続税の課税対象となります。これは通常の相続と何ら変わりがありません。

これに対して，相続時精算課税に係る贈与者たる親が死亡した場合においては，孫が代襲相続人として祖父からの相続において，代襲相続人として祖父からの通常の相続財産を取得するほか，自分の親が受贈された相続時精算課税の適用を受けた受贈財産を引き継いで，贈与税額の精算を行います。

すなわち，相続時精算課税の適用を受けた受贈者が贈与者たる親より先に死亡した場合には，その受贈者たる子の相続人は，相続時精算課税の適用を受けていた受贈者の死亡に伴う納税に係る権利及び義務を併せて承継することとなるのです。

6　養子縁組を解消した場合

　相続時精算課税制度において推定相続人である子が贈与により取得した財産は、その後、推定相続人でなくなった場合において、その適用対象者であった親の相続の開始による相続税の課税で、「相続（相続人以外の者の場合には、遺贈）により取得したものとみなし」て相続税を課することとされています。

　従って、相続時精算課税の適用を受けていた養子がその後養子縁組関係を解消し、相続開始の時点では親子関係がなくなっていたとしても、養親の相続開始に係る相続税の計算において、生前贈与財産を遺贈により取得したものとみなして、相続税を課し、そこで計算された相続税額から、すでに納付済みの贈与税額を差し引きすることにより精算することとなります。

7　相続時精算課税を選択する時の注意点

　まず初めに自分が持っている財産をリストアップし、現状で、又はこのペースで財産が増加（あるいは減少）していくと、最終的に相続税がかかるのか、そうでないのかを確認することが大切です。

　どうも相続税はかかりそうにない、ということになれば相続時精算課税を利用して贈与を進めていくのは税金面だけを考えると単純に良い手かもしれません。なにせ贈与税の暦年課税だと年間110万円を超えただけで、決して安くはない贈与税が課されてしまうのに対して、相続時精算課税を使えば2,500万円までは無税なのです。最終的に相続が発生しても相続税もかからないのですから、税金面では今貰おうが後で貰おうが同じことです。単に財産を早く移転できるというメリットがあるだけです。

　これに対して、相続税がかかる人は、単純に将来の相続税を減らすことが目的であれば、通常どおり暦年課税の110万円の基礎控除額を使いながら、将来予測される相続税の実効税率より低い税率の範囲内でコツコツ贈与を続けるのが確実です。

　一方、相続時精算課税は将来精算時に合算される贈与財産の価額は贈与された時の課税価格で計算されますので、贈与財産の価値が贈与時より相続時

の方が値下がりしていた場合には，本来支払うべき相続税より高くなってしまうケースも考えられます。

8 相続時精算課税を選択したほうが有利な場合

　それでは，相続時に相続税が確実に発生しそうな人で，なおかつ，相続時精算課税を適用すると有利になる場合とはどういうケースでしょうか。

　まず，確実に収入を稼ぎ出す財産が考えられます。例えば中古で評価額が下がってきている賃貸の用に供しているマンションなどをすでに所有している場合，2,500万円以内だと無税で贈与できるうえ，その贈与後に発生する受取家賃は当然，受贈者たる子の収入になるというダブルのメリットを享受できます。

　また，相続税・贈与税を計算する際の財産の種類による評価の違いを利用する方法が考えられます。すなわち現金で1,000万円を贈与すればそれはあくまで1,000万円の評価です。ところが，その現金を使って収入を生む建物を建築又は購入し，貸家にすると現金の場合に比べて50％を超える評価減になることがあります。例えば4,000万円の現金を使って収益物件を購入し賃貸人に入居してもらった後に贈与すると50％の評価減としても2,000万円。2,500万円の特別控除枠の範囲内で無税での贈与が可能となります。

　あるいは，将来値上がりすることが見込まれる財産も有力な候補でしょう。例えば，収用予定地の土地や今後開発が進むことが見込まれる地区の土地などです。これらを評価の低いうちに贈与しておくことも一つの有力な手段です。なお現状では評価額が低い上場株式や投資信託もそういった財産の一つでしょう。ただし，株式などは比較的価格の乱高下が激しく，なおかつ景気や社会情勢などその会社の業績だけに縛られない要素もありますので，相続時の方がむしろ値下がりしている，なんてケースもあるでしょうから慎重にご判断下さい。

　ここで，自分の経営する同族会社の株式については，平成20年10月に施行された「中小企業における経営の承継の円滑化に関する法律」の登場により，平成21年度税制改正において，平成20年10月以降分相続に関して一定の要件のもと自社株式の納税猶予制度が創設されましたので，その事業の後継者た

る子はそちらの制度の方が有利であるため，ここではその説明は省略させていただきます。

⑨ 民法上の遺留分には注意

遺留分とは，法定相続人のうち，一定の範囲の相続人に対し，近親者の相続期待利益を保護し，又，遺族の生活を保障するために，相続財産の一定部分を留保させる制度です。

遺言書による場合でも同じですが，遺留分を計算する場合には相続財産に過去の全ての生前贈与財産を含めることとされています。その結果，遺留分の侵害がある時には，遺留分権利者及びその承継人は，遺贈及び生前贈与の減殺を請求することができます。

したがって，遺留分を侵害する可能性のある贈与であっても相続時精算課税制度の適用は受けられますが，相続開始後に遺留分による減殺の請求に基づき返還すべき額が確定した場合において，相続税額又は贈与税額が過大となった時は，更正の請求をすることができることとされ，相続税額に不足を生じた時は修正申告書を提出することができることとされています。

⑩ おわりに

本稿執筆時の平成23年4月末日時点で国会を通過していませんが，平成23年度税制改正大綱（通常であれば毎年これがそのまま4月以降適用される新たな税制）におきまして，相続税はここ数年で最も変わると言って差し支えないでしょう。

なにしろ，平成6年から続いてきた基礎控除，5,000万円＋法定相続人×1,000万円がなんと4割減の3,000万円＋法定相続人×600万円に改正されることになりました。

これにより冒頭，相続税の課税割合はここ数年4％程度で推移していると申し上げましたが，この割合が6％程度になると見込まれるのです。（それでもまだ多くの人は相続税とは無縁なのですが，実際に課税される人は1.5倍に増加します。）

また，相続税・贈与税の税率も下記の表のとおり改正され，相続税に対する課税強化の方向性が示されています。

表3　平成23年度税制改正案（相続税）

現行		改正案	
課税標準	税率	課税標準	税率
1,000万円以下	10%	同左	
3,000万円以下	15%	〃	
5,000万円以下	20%	〃	
1億円以下	30%	〃	
3億円以下	40%	2億円以下	40%
—		3億円以下	45%
3億円超	50%	6億円以下	50%
—		6億円超	55%

表4　平成23年度税制改正案（贈与税：直系尊属）

現行		改正案	
課税標準	税率	課税標準	税率
200万円以下	10%	同左	
300万円以下	15%	400万円以下	15%
400万円以下	20%	600万円以下	20%
600万円以下	30%	1,000万円以下	30%
1,000万円以下	40%	1,500万円以下	40%
—		3,000万円以下	45%
1,000万円超	50%	4,500万円以下	50%
—		4,500万円超	55%

表5　平成23年度税制改正案（贈与税：一般）

現行		改正案	
課税標準	税率	課税標準	税率
200万円以下	10%	同左	
300万円以下	15%	〃	15%
400万円以下	20%	〃	20%
600万円以下	30%	〃	30%
1,000万円以下	40%	〃	40%
—		1,500万円以下	45%
1,000万円超	50%	3,000万円以下	50%
—		3,000万円超	55%

　贈与税に関しては，これまで暦年課税の場合の税率は一律でしたが，改正案では20歳以上の者が直系尊属から贈与を受けた財産に係る贈与税の税率（表4）とそれ以外の場合（表5）とで税率が異なることとされています。高額贈与の場合の最高税率は55％と上がる一方で，全体的な税率構造は緩和されているようです。

　一方，相続時精算課税の受贈者は現行，20歳以上の推定相続人とされていますが，その範囲に20歳以上である孫が追加され，贈与者についても現行65歳以上という年齢制限が60歳以上に引き下げられることになっています。一見，使い勝手が良くなったように見えますが，孫に相続時精算課税贈与を行い，その親が健在のうちに贈与者である祖父母に相続が発生すると，孫にかかる相続税について2割加算が適用されることになりますので，その点も十分考慮したうえで相続時精算課税の適用をうけるかどうかの判断を行う必要があります。

（＊本稿は平成23年4月末日現在の法令に拠っています。）

生命保険を活用した相続対策

一級FP技能士・CFP **田名網亜衣子**

　どんな人もいつか必ず亡くなります。つまり相続は誰にでも起こることなのです。「生命保険」は，人が亡くなることで必ず保険金が受け取れるわけで，相続対策には必須といえます。

　相続対策というと，相続税の対象になる資産家や経営者のためだけと思いがちですが，もう一つ，残された家族がもめないための「争族対策」も重要です。どちらの場合も，生命保険は威力を発揮します。

1　納税資金対策

- 死亡保険金は相続手続が完了していなくても現金にできます。

　相続税は原則，相続発生後10カ月以内に現金で納付する必要があります。ちなみに日本人の相続財産の5割以上が不動産ですが，不動産や有価証券は，売却しなければ現金化できません。

- 保険は加入と同時に必要な納税額（保険金額）を準備できます。

　「預金は三角，保険は四角」と言うように，保険は加入直後に相続が発生した場合でも，保険金を受け取れます。

2　税軽減対策

- 保険金の非課税枠を活用して相続財産の評価額を下げられます。

　非課税枠は平成23年度税制改正で，従来「500万円×法定相続人数」から「500万円×生計同一相続人／未成年者／障害者」に縮小の予定ではありますが，まだ十分メリットはあります。

- 生命保険は契約形態によって，贈与・一時所得の対象になります。また，生命保険を使って生前贈与をすることもできます。

③ 遺産分割対策

- 死亡保険金は「みなし相続財産」で相続税法上は課税対象になりますが，民法上は「受取人固有の財産」で分割協議の対象外です。
  生前に受取人を指定することで，遺言と同じ効果があります。
  また，ほかの相続人に分割を求める権利はありません。
- 受け取った保険金をほかの相続人に渡すことで代償分割できます。

具体例の前に生命保険の基本型を確認しましょう。

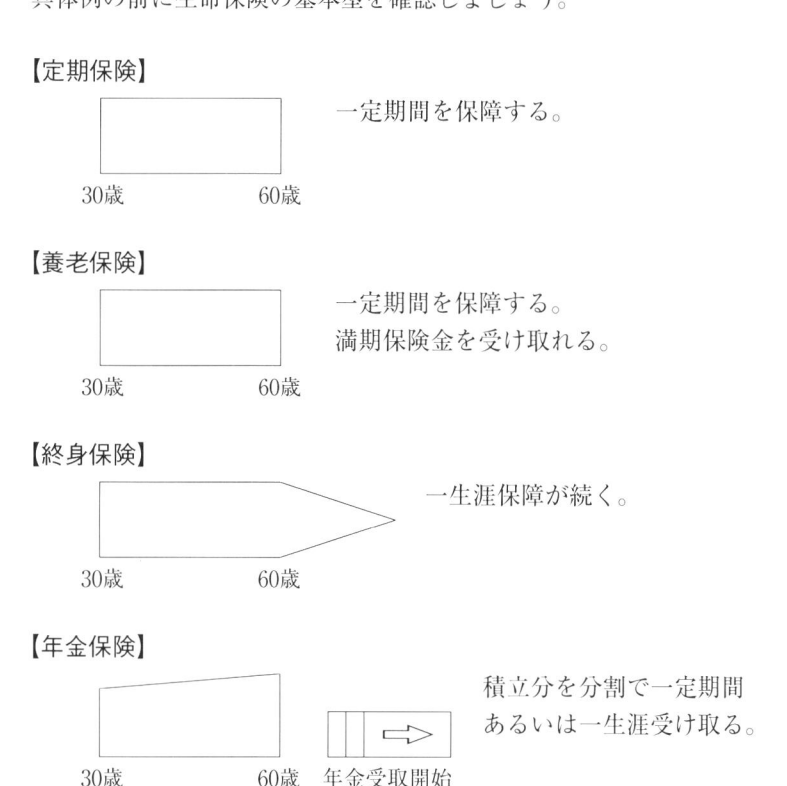

【定期保険】

30歳　　　60歳　　　一定期間を保障する。

【養老保険】

30歳　　　60歳　　　一定期間を保障する。
　　　　　　　　　　満期保険金を受け取れる。

【終身保険】

30歳　　　60歳　　　一生涯保障が続く。

【年金保険】

30歳　　　60歳　年金受取開始　　積立分を分割で一定期間あるいは一生涯受け取る。

以上の特長から相続対策には一生涯保障が続く終身保険が有効です。何歳まで生きるかは誰にもわからないことで，保障が途中で終わってしまう定期保険や養老保険では，相続時に確実に使えるかどうかわかりません。年金保険を活用する方法もありますが，しくみが複雑ですので，注意が必要です。

　また，保険は契約形態によって，かかってくる税金が異なります。

契約者 (保険料負担者)	被保険者 (保険の対象者)	保険金受取人	税金種類
夫	夫	妻（子）	相続税
妻	夫	妻	所得税
夫	妻	子	贈与税

　通常は契約者と被保険者を同じにして，相続税の対象にするのが税金面では有利と思われますが，後で述べるようにあえて所得税の対象にする方法もあります。
　では，具体例をいくつか見てみましょう。

（1）相続税の課税対象になる場合

　基礎控除等を計算して，対象になることが判明したら，まずどんな生命保険に加入しているか確認しましょう。

■「保障期間」はいつまでですか？

　「終身保険」であれば，死亡時に必ず保険金を受け取れます。
　定期保険特約付終身保険等の場合，一生涯の保障がいくらになっているかが重要です。定期保険特約部分はいずれ保障が切れます。
　高齢者でいわゆる保険嫌いで全く加入していない方や，加入していた保険が満期を迎えてしまっている方は少なくありません。
　もちろん納税資金を現金で準備しても構いませんが，生命保険の非課税枠は有効活用すべきでしょう。例えば，80歳の方が預金の内480万円を一時払いで，保障500万円の生命保険に加入します。いざ亡くなった時に受け取った500万円は非課税ですので，結果的に相続財産の評価額が減少します。

最近保険会社が販売している一時払い終身保険等は高齢で健康状態に不安があっても加入できる場合があるので検討に値するでしょう。

■「保険金額」は適正ですか？
　納税額の概算を計算して，預貯金や売却予定財産に保険金額を合計して全て補えているか確認しましょう。
　保険金額は将来，相続発生時に財産の評価額が上昇する可能性を含めて決めると安心です。また保険金額分もみなし相続財産として相続財産に加えられるので，そこまで考慮して計算する必要があります。

■「受取人」は誰ですか？
　納税の面から考えた場合，相続人それぞれの納税額の概算を計算して，実際に相続税がかかる人を受取人にするのがスムーズです。受取人の変更も視野に入れましょう。
　ポイントは「配偶者の税額軽減措置」です。配偶者は実質的に相続税がかからない場合も多いので，受取人を子供にすることで，納税資金対策になります。もちろん残された妻の生活資金の確保が必要であれば，妻を受取人にした生命保険も準備します。
　1本の終身保険で死亡保険金受取人を割合指定（50％ずつ等）できますが，実務上，保険会社は代表者一人の口座に振り込むケースがほとんどです。それぞれの意思で保険金請求できるよう，契約は分けた方が良いでしょう。
　上記のとおり，配偶者には相続税額の軽減がありますが，相続人が子供だけになる場合（いわゆる二次相続）の対策をとってない場合が少なくありません。二次相続まで見据えて，妻を被保険者に子供を受取人にした生命保険にも加入しておくと万全です。

（2）相続財産が持ち家や不動産等のみの場合

　相続財産が不動産等に偏っていると，相続人に公平に分けられず，分割に苦労します。一番争族に発展しやすいケースと言えます。
　例えば主な財産は持ち家のみで，夫が死亡した後は当然妻が住み続けるつもりでいたのに，子供たちが権利を主張することがあります。まさか自分の

子供に限って，そんなことを言い出すはずがないと誰もが思っています。しかし，子供も家庭を持ち一番お金のかかる時期だとすれば……。相続は当然の権利と主張することは多々あるのです。何の対策もしていなければ，妻に住まいさえも残してあげられないわけです。相続人が妻と子供二人の場合，子供たちに遺留分相当額を現金で渡すことができれば，トラブルを回避することができます。

契約形態は二通り考えられます。
受取人を子供にすることで，現金を残せます。

契約者	被保険者	受取人
夫	夫	長男・次男

ただし，保険金は「みなし相続財産」で受取人固有の権利なので，本来の相続財産である持ち家に対して，遺留分の減殺請求を起こされる可能性もあります。その場合，「代償分割」として，以下のような契約形態にして，一旦妻が受け取った保険金を子供に渡す方がより円満です。また代償金の支払いは贈与の対象にはならないので，その点でも安心です。

契約者	被保険者	受取人
夫	夫	妻

似たようなケースで家を同居の長男に渡して，ほかの子供たちに残せる財産がない時なども同様に生命保険を活用できます。

(3) 事業を承継したい場合

会社経営者は個人でできる対策に加えて，法人としての対策も考えましょう。生命保険を法人で契約することで，得られるメリットは多々あります。

■死亡退職金の活用

税法上有利な点として，まず死亡退職金の非課税枠は利用しない手はありません。平成23年の税制改正では死亡退職金については変更がなく，500万円×法定相続人分は非課税となります。

契約者	被保険者	受取人	税種類（相続人にとって）
法人	経営者＝被相続人	法人	死亡退職金として相続人が受け取れば非課税枠有り。

■自社株買取資金として活用

　経営者が自社株の大部分を保有していることは多いでしょう。何も対策しないまま相続が発生すれば，さまざまな問題が発生します。
　複数の相続人がいる場合，自社株が分散することになり，これは経営の点からも避けたいものです。後継者以外の相続人が受け取った自社株を，法人が受け取った保険金で買い取ることで，事業承継はスムーズに進みます。定款に「売渡請求」を定めておくのもポイントです。

【参考】会社法174条（相続人等に対する売渡しの請求に関する定款の定め）：株式会社は，相続その他の一般承継により当該株式会社の株式（譲渡制限株式に限る）を取得した者に対し，当該株式を当該株式会社に売り渡すことを請求することができる旨を定款で定めることができる。

　相続人が後継者一人だとしても自社株の評価額が高く，全てを相続すると納税資金が不足することがあります。この場合，後継者が相続した自社株を会社が買い取ることで，後継者は現金を受け取り納税資金に充てることができます。
　どちらの場合も契約は以下の形にして，法人が受け取った現金を買取資金に充てます。

契約者	被保険者	受取人
法人	経営者＝被相続人	法人

＊法人で保険契約した場合，保険料払込時，保険金受取時の法人の経理処理は選択する保険種類によって異なります。

（4）生前に財産を贈与したい場合

　平成23年の税制改正では，相続税は基礎控除の縮小や最高税率の引き上げなど，増税の予定になっています。逆に贈与税については，資産を若年世代へ移して経済活性化を期待する観点から20歳以上の子や孫への贈与税率が緩

和される見通しです。緩和の対象に孫が加わったことは重要で，一世代飛び越して贈与することで，相続税の軽減効果が大きくなります。

　元気な内に子や孫に財産を贈与して，喜ぶ顔を見たいという方は，生前贈与を検討されてはどうでしょう。その資金を有効に使うためにも生命保険は活用できます。

■保険料暦年贈与

　例えば毎年保険料として110万円を贈与します。二人の子供と二人の孫，計4人に10年間贈与すると，4,400万円分相続財産の評価額を減らせるわけです。ただし相続発生時の3年以内の子への贈与は相続財産に持ち戻されるので注意が必要です。

　贈与税の基礎控除110万円以上の贈与をして，しっかり贈与契約書を作り，毎年贈与税を申告すると完璧でしょう。

　契約形態はさまざまですが，相続財産評価額から相続税率を計算して，所得税と比較した結果，一時所得にしたほうが有利な場合は，下記のような契約は二重に有効です。

契約者	被保険者	受取人	税種類
子（孫）	親（祖父母）	子（孫）	所得税

（5）生命保険の評価を活用する場合

　少し複雑な話になりますが，保険の権利を相続する場合の評価減を活用する方法があります。

■生命保険契約の権利の評価（相続税法3条1項3号　財産評価基本通達214）

　保険事故が発生していない保険の権利は「解約返戻金相当額」になります。つまり，契約者が死亡した時に払込保険料と解約返戻金の差が大きければ，財産評価減の効果があります。保険は加入から期間があまり経過してない場合，払込保険料より解約返戻金が下回ります。さらに最近は解約返戻金を低く抑えている保険などもあり，その特長を利用します。

契約者	被保険者	受取人
夫	妻	夫

⇩

契約者	被保険者	受取人
妻	妻	子

　例えば，夫が年齢や健康上の理由で自らの保険に加入できない場合も上記の契約形態は有効です。まず夫が亡くなって相続が発生した時に，夫が持っている保険の権利を低い評価額で相続します。そして，妻に名義変更をして，二次相続時の納税資金にする方法です。

　注意点として，万一妻が先に亡くなった場合，夫が受け取った保険金は，この契約形態では所得税の対象になります。また，契約から期間が長くなれば，解約金が増えていき，評価減の効果が少なくなってしまいます。

■年金受給権の評価額（相続税法24条1項）
　平成22年3月までに契約した年金保険の年金受給権評価額は評価減の効果があったので，以前はよく使われていました。しかし，税制改正があり，現在は評価減としての効果は少なくなりました。

（6）負債があり相続を放棄する場合
　借金がありやむを得ず相続放棄する場合，生命保険はどうなるのでしょうか？　実は死亡保険金は「受取人固有の財産」なので，相続人が受取人に指定されていれば，受け取ることができます。この特長を利用すれば，遺族に生活費を残すことが可能になります。ただし，この場合は保険金の非課税枠は使えません。

　以上，いくつかの例を挙げましたが，実際はほかにもさまざまなケースがあり，それらをいろいろ組み合わせることで，活用法はさらに広がります。税制改正や状況が変わる際には当然見直しが必要です。頼れる専門家に相談して，ぜひ生命保険を有効に活用して下さい。

相続と登記

司法書士 **安藤　功**

　不動産の所有者が死亡して相続が開始すると，遺産分割協議をしたり，相続人欠格者・相続人廃除者がいたり，遺言書があるなどの事情がない限りは，民法第887条から第890条に基づく法定相続分により相続することになる。ただし，これらの物権変動は相続により当然に開始するものの，その不動産の名義を変更する手続をしなければ，いつまでも被相続人の名義のままである（申請主義）。
　一般的には，法定相続人間で遺産分割協議をして，遺産の帰属先を決定していくことが多い。相続登記はいつまでにしなければならないという決まりはないが，いつまでもそのままにしておくと，相続人がさらに死亡することで，特に遺産分割協議をする場合に当事者が増えてしまい，協議がまとまりにくくなる可能性がある。協議がまとまらない場合は，遺産分割調停や遺産分割審判をすることにより解決していくことになるが，親族間に深い溝をつくる結果となりかねず，決して好ましいことではない。
　また，被相続人名義のままでは，その不動産を売却したり，担保提供することもできない。そのため，不動産の所有者が死亡した場合には，できるだけ早めに被相続人名義から相続人名義に登記を変更しておくことをお勧めする。
　その他に，実体上は所有権が移っているにもかかわらず，その登記をしないことにより第三者への対抗要件はどうなるのかとの問題もある。
　本稿では，不動産所有者に相続が発生した場合における登記について検討することとする。

1 民法第177条との関係

　不動産の名義人が死亡して相続が発生した場合に，その相続人は登記をすることなく第三者に物権変動を対抗することができるであろうか。

民法第177条（不動産に関する物権の変動の対抗要件）
　不動産に関する物権の得喪及び変更は，不動産登記法その他の登記に関する法律の定めるところに従いその登記をしなければ，第三者に対抗することができない。

　民法第177条によれば，所有権を取得したり失ったりした時には，登記をしなければ第三者に対抗（権利を主張）することができないとなっている。
　例えば，不動産の「売買」において，現在の所有者AがまずBに不動産を売り，次にCにも同じ不動産を売ったとする。AはB及びCに対して二重に不動産を売買したことになるが，仮にBよりも先にCが登記を備えた場合，先に不動産を買ったBよりも登記を備えているCの方がBに所有権を主張することができることになる。

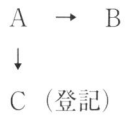

```
　　A　→　B
　　↓
　　C（登記）
```

　ところが，AからBへの所有権の移転原因が「相続」によるものである場合は，Cからすれば「売主であるA＝相続により権利義務を包括承継したB」と同視できるのであり，BとCとは売買契約の当事者の関係に立つものであるから，相続人Bと第三者Cとの間に対抗問題を生じる余地はない。
　また，不動産の貸主たるオーナーが死亡した場合に，その借主に対してオーナーの相続人であることを主張するために登記が必要かどうかの問題がある。不動産の借主は，オーナーの死亡により，誰に賃料を支払えば良いのか分からなくなることを防ぐためにも，登記をしてその支払先を明確にしておく必要がある。しかし，これは民法第177条の問題ではなく，借主の保護は，民法第478条等によってなされるべきであるから，ここでも第三者対抗要件

としての登記は理論上は不要である。とはいえ、後々の手続の煩わしさなどを考えると、やはり早めに名義を変更しておくことが重要である。

民法第478条（債権の準占有者に対する弁済）
　債権の準占有者に対してした弁済は、その弁済をしたものが善意であり、かつ、過失がなかったときに限り、その効力を有する。

2 遺産分割と登記

　共同相続（相続人が複数）の場合に、相続人間で遺産分割協議をする前に、相続人の一人が遺産分割協議書を偽造するなどして勝手に単独所有権取得の登記をし、これを第三者に譲渡し、所有権移転登記をした場合に、本来少なくとも法定相続分を相続する権利を有していたほかの相続人は、当該第三者に所有権の取得を対抗することができるであろうか。

　具体的な例でいえば、以下のような相続関係で、不動産所有者Aが死亡し、BC間で遺産分割協議をすることなく、Bが勝手に当該不動産をB名義とする所有権移転登記を申請し、その後第三者Dに売買及び所有権移転登記をしてしまった場合である。

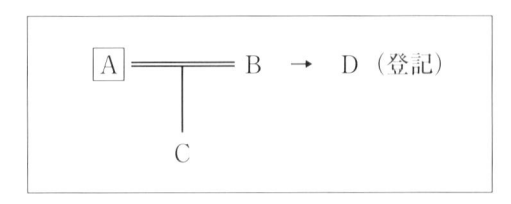

```
A═══════B  →  D（登記）
    │
    C
```

　少なくともCの法定相続分である2分の1に関しては、Bは無権利者であり、そのBから譲り受けたDも当然無権利者である。よって、CはたとえDが登記を備えていようとも、Dに対して自己の権利を主張することができる。

　ここで、本来のBの持分2分の1に関しては、Bは適法に権利を有するのであるから、その持分を譲り受けたDに関しても適法に権利を有することを主張できるのは言うまでもない。

　では、上記相続関係の場合において、すでに遺産分割協議が成立し、実体上は、Cが所有権全部を取得しているにもかかわらず、Cがその旨の登記を

しないうちにBが勝手に当該不動産をB名義とする登記を申請し，その後Bが第三者Dに売買した場合はどうであろうか。民法第909条によれば，遺産の分割は，相続開始の時にさかのぼってその効力を生ずるとされており（遡及効），Bは初めから相続人ではなかったと読むことができる。そうすると，無権利者のBから売買により所有権を譲り受けたDも無権利者であり，DはCに対して所有権を全く主張することができないとの結論になりそうである。

ところが，判例は，Bの法定相続分2分の1に関しては，あたかもBからC，BからDへの二重譲渡類似の関係であるとし，民法第177条の対抗関係の問題であるとした。つまり，今回のケースにおいては，Cは遺産分割協議成立後，ただちに登記手続をしなかったため，Dがすでに登記を備えてしまった以上は，Dに対して所有権の全部を主張することはできないのである。

民法第909条（遺産分割の効力）
　遺産の分割は，相続開始の時にさかのぼってその効力を生ずる。ただし，第三者の権利を害することはできない。

3　相続放棄と登記

同じように，相続に関して遡及効を有するものには相続放棄がある。共同相続人の中の一人が相続放棄をした場合に，その旨の登記がなくても第三者に対抗できるであろうか。

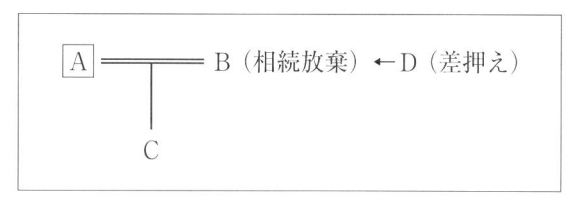

```
    A ━━━┳━━━ B（相続放棄）← D（差押え）
         │
         C
```

例えば，上記のような相続関係の場合に，本来の法定相続分はBC各2分の1であるため，Bの債権者であるDはBの法定相続分を差押さえることが可能である。ところが，Bが相続放棄をした場合には，Bは初めから相続人とならなかったものとみなされるため（民法第939条），Cのみが相続人で

あったことになる。この場合，仮にDが差押え登記の前提として，代位でBC名義の法定相続登記をし，B持分を差押さえる旨の登記がなされたとしても，相続放棄の効力は絶対的であり，誰に対しても登記なくしてその効力を生じるとして，Dの差押えよりもBの相続放棄を優先させるとするのが判例の動きである。最高裁昭和42年1月20日判決は，相続放棄制度の趣旨は，相続人の利益を保護しようとしたものであり，相続放棄した者は相続開始時にさかのぼって相続がなかったのと同じ地位に置かれることになり，その効力は絶対的で誰に対しても登記なくしてその効力を生じるとした。

つまり，今回の場合，Dによる差押えの登記は無効であり，Bの相続放棄によって単独の相続人となったCは，登記なくして差押え債権者Dに対抗することができるのである。

民法第939条（相続の放棄の効力）
　相続の放棄をした者は，その相続に関しては，初めから相続人とならなかったものとみなす。

4　遺産分割と相続放棄の遡及効の差異

前述のとおり，遺産分割も相続放棄もそれぞれ遡及効が認められている。どちらの制度も，遡及効を民法の条文で謳っているにもかかわらず，対第三者との関係においては，遺産分割協議後の第三者とは遡及効を制限したうえで民法第177条の対抗関係に立ち，相続放棄の場合には遡及効を絶対的に貫いているとの違いがある。

これは，遺産分割の場合は，取引の安全をはかるとの考慮から，第三者との関係では遡及効を制限し，移転主義的構成をとったのに対し，相続放棄に関しては，第三者との関係つまり取引の安全よりも，相続人の利益を最優先させていることによることから生じる差異であると思われる。

5　遺言と登記

世の中では，遺言がないために，相続をめぐり親族間で争いの起こること

が少なくない。以前までは，資産家が相続発生時に備えて遺言を残しておくことは見受けられたが，最近ではごく一般的な家庭においても遺言を残しておく傾向が増えてきたように思う。

　遺言には大きく，①自筆証書遺言，②秘密証書遺言，③公正証書遺言がある。①の自筆証書遺言は，費用がかからないのが最大のメリットではあるが，方式が条文で細かく決められており，また内容の変更・訂正においても細かい方式があるため，万が一その方式を間違えていたり，せっかくの遺言書が見つからなかったりした場合に意味のないものとなる可能性がある。②の秘密証書遺言は，公証人及び証人二人の関与のもと，遺言の内容を誰にも知られずに，かつ，遺言書が遺言者本人によるものであることを明確にできる点では安心であろうが，その内容を誰も確認することができないため，内容に法律的な不備があったり，紛争の種になったり，そもそも無効となったりする可能性がある。また，①②の遺言の場合，家庭裁判所による検認手続を経る必要も出てくる。その点，③の公正証書遺言は，①②の遺言方式のようなデメリットはないため，多少費用はかかってでも公正証書で遺言を残しておくことが賢明である。

　さて，次に「相続させる」旨の記載のある遺言と「遺贈する」旨の記載のある遺言との関係について検討する。遺言については，その文言どおりに解釈したうえで，登記の際の登記原因とするのが原則であるが，その例外として，例えばある不動産を相続人でないものに対して「相続させる」旨の遺言があったとしても，実際に相続人でない者に相続させることは不可能であるため，これを「遺贈」と解釈することになる（登記研究480-131）。逆に「遺贈する」旨の遺言であっても，相続人全員に対して包括的に遺贈する旨の内容であれば，その登記原因は「相続」となる（登記先例・昭38.11.20民甲3119号）。

　そもそも，登記原因を「相続」とする場合と，「遺贈」とする場合とでどこに違いがあるのであろうか。登記手続上，一番の違いといえば，登記の申請構造である。通常の不動産登記（売買，贈与，遺贈等）は，登記により利益を受ける人（登記権利者）と登記により権利を失う人（登記義務者）による共同申請が原則であり，その際に添付する書類には，登記義務者が所有している権利証（登記識別情報）や印鑑証明書が必要となってくるが，相続によ

る登記は相続人からの単独申請主義を採用しているため，登記義務者の添付書類としてこれらの書類を添付する必要はない。なお，遺産分割協議に基づき相続登記をする場合には，遺産分割協議書の真正を担保する資料として印鑑証明書を添付するが，これは共同申請の場合に登記義務者が添付する印鑑証明書とはその添付根拠を異にする。

　また，登記をする際の登録免許税に関しても，相続を原因とする場合は評価額の1000分の4，遺贈を原因とする場合には1000分の20であるため，金額的にも随分違いの出るところであるため注意を要する。

　さらに，「管理させる」旨の遺言の解釈につき，次のような事例がある。「次女乙にB不動産を遺贈する。三女丙にC不動産を遺贈する。その他の財産は長女甲に管理させる」旨の自筆証書遺言を添付し，被相続人名義のA不動産について，長女甲への「相続」又は「遺贈」を原因とする所有権移転登記の申請は受理できない（登記研究612－191）とされる。被相続人の遺言書作成時の意思は，A不動産を長女甲に相続させるとの解釈も可能であるが，最終的に法務局の判断で受理されないとなっている以上，A不動産については法定相続もしくは遺産分割協議をしたうえで，名義変更する方法しかない。

　このように，せっかくの遺言が後の手続をするうえで被相続人の意図した結果とならないようにするためにも，専門家に相談するなどして遺言書の作成にとりかかるべきである。

6　相続人不存在

　相続が発生した場合，通常は民法第887条から第890条の法定相続により相続される。ところが，ごく例外的にその法定相続人が全く存在しないこともありうる。例えば，戸籍上に法定相続人たり得る者の記載が全くない場合や，その記載があったとしても，その者が相続欠格者，相続廃除者もしくは相続放棄者であるために，結果として法定相続人が存在しない場合などが考えられる。これらの場合，相続人不存在の規定である民法第951条以下の規定に基づき手続を進めていくことになる。

　なお，民法第951条における「相続人のあることが明らかでないとき」とは，相続人の存否不明を言うのであるが，相続人が行方不明の場合は民法第25条

以下の不在者の財産管理の規定により，また，相続人の生死が不明の場合は民法第30条以下の失踪宣告の規定によるので，似て非なる制度として区別しておく必要がある。

民法第951条（相続財産法人の成立）
　相続人のあることが明らかでないときは，相続財産は，法人とする。

　ここで，相続人不存在の場合の実体上の手続の流れを簡単に説明する。被相続人が死亡し，相続人のあることが明らかでないときは，相続財産法人が成立する。その後，遅滞なく遺産管理人として相続財産管理人が選任され，家庭裁判所により最低2カ月間相続財産管理人が選任された旨の公告がなされる。相続人があることが明らかにならなかったときは，相続財産管理人は，相続債権者や被相続人から遺贈を受けた人がいないかの公告を最低2カ月間行う。それでもなお相続人がいることが明らかでないときには，最後の相続人捜索公告がなされ，この公告期間は最低でも6カ月間必要である。このように，被相続人が死亡してから相続人の不存在が確定するまでの間には，最低でも3回の公告及び10カ月の期間を要し，相続人不存在確定後はたとえ相続人がいたとしても相続人である旨の主張はできないし，それまでに管理人に知られている者以外の相続債権者や受遺者もその権利を失うことになる。
　相続人捜索の公告から3カ月以内において，特別縁故者は，財産分与請求をすることができる。特別縁故者とは，被相続人と生活を共にしていた者，療養看護をしていた者，その他被相続人と特別の縁故関係があった者をいうが，この特別縁故者への財産分与手続は家庭裁判所による審判手続をもってなされる。特別縁故者への財産分与手続もなされなければ，被相続人が所有していた不動産が共有状態であった場合にはほかの共有者へ移転することになり（民法第255条），単独所有であった場合には国庫に帰属することになる（民法第959条）。相続人不存在の場合，対象となる不動産が被相続人の単独所有であるのか，ほかの者との共有であるかでその帰属先が異なるので，その点注意が必要である。

民法第255条（持分の放棄及び共有者の死亡）
　共有者の一人が，その持分を放棄したとき，又は死亡して相続人がいないときは，その持分は，他の共有者に帰属する。

民法第959条（残余財産の国庫への帰属）抄
　特別縁故者に対する財産分与がなされなかった相続財産は，国庫に帰属する。

成年後見制度における任意後見制度

行政書士 **和田好史**

　もし不慮の事故に遭い，もしくは認知症を発症して，自分で物事を正常に判断することが難しくなってしまったら，現在行っている仕事や事業，その他生活に関することをどうすればいいのか，と考えられたことはありますか？　亡くなった後のことは意外と「遺言」などを考えられていらっしゃる方は多いのですが，体は元気なままで正常な判断能力が失われることに関しては，皆さんの意識は低いのではないでしょうか。ここでは判断能力が落ちる前に準備しやすい「成年後見制度の任意後見制度」を利用して，そういったリスクの回避を検討したいと思います。

1　成年後見制度の概要と基本理念

　まずはじめに，成年後見制度とは，認知症や知的障害，精神障害，病気や事故などの理由で自分自身での判断能力が不十分な方（以下，「本人」といいます）の不動産や預貯金などを本人に代わって管理し，医療や介護といった身のまわりの世話のためのサービスや施設への入居に関する契約等のさまざまな法律行為を支援し，本人にとって不利益を招く恐れのないようにするための制度です。その支援者が，本人のために財産管理及び身上監護の事務について本人を代理したり，本人が行う行為に同意したり，本人が行った行為を取り消したりとさまざまな活動をするのが成年後見制度です。

　成年後見制度には二つの種類がありそれが「法定後見制度」と「任意後見制度」です。この二つの制度における共通の基本理念が，以下の三つです。
①自己決定の尊重と身上配慮義務
　本人を支援する人は，本人の療養看護や財産管理をするにあたって本人の

意思を尊重しその心身の状態，及び生活環境等を十分配慮しなければならないということ。
②残存能力の活用
　自分らしく老後や余生を送るためにできる限り自分の能力を活用すること。
③ノーマライゼーション
　自分が望む所でごく普通に生活することが当然であるということ。

2　任意後見制度の概要

　任意後見制度とは，本人が十分な判断能力があるうちに，将来自分の判断能力が不十分になったときの後見事務の内容を遂行してくれる人（任意後見人）を，あらかじめ自分で「契約」によって決めておくことができる制度です。任意後見人には，本人が自分にとって「信頼できる人」（例えばご家族，ご友人や弁護士・司法書士・行政書士・社会福祉士などの専門職）に自分の意思で任意後見契約を結ぶことができます。なお，この契約は，「公正証書」にて作成した後，公証人の嘱託により法務局に登記されます。

　そして実際に本人の判断能力が低下したときに，本人，配偶者，4親等内の親族，任意後見受任者（任意後見人の予定者）等が，家庭裁判所に対し，任意後見監督人の選任を申立（本人以外の申立の場合は，原則，本人の同意が必要。同意できない状態であれば例外として不要）をします。任意後見人は家庭裁判所が任意後見監督人を選任した後に先に結んだ任意後見契約の内容に基づき，本人の財産管理や介護，医療に関する手続などを行うことができます。

【参照】任意後見契約に関する法律1～3条

　以上の流れについて，登場人物や機関などを示したものが次の図です。

■任意後見制度関係図

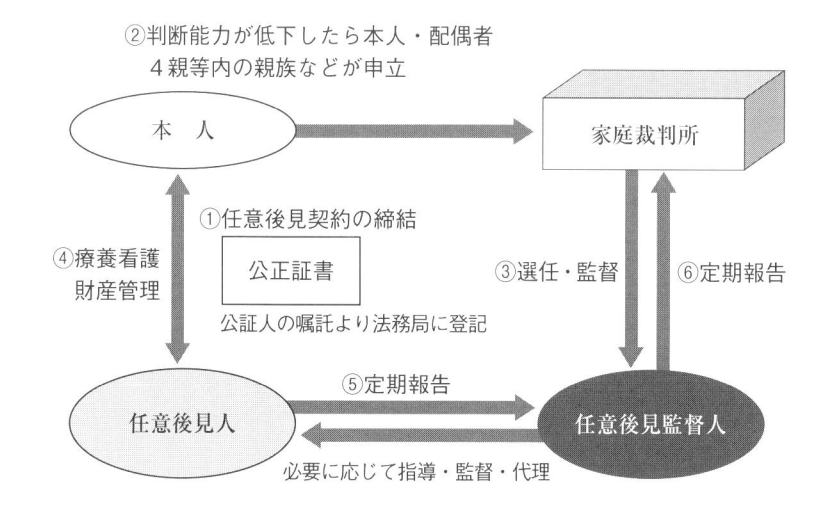

②判断能力が低下したら本人・配偶者
４親等内の親族などが申立

本　人　→　家庭裁判所

①任意後見契約の締結
公正証書
公証人の嘱託より法務局に登記

④療養看護
財産管理

③選任・監督　⑥定期報告

任意後見人　⑤定期報告　→　任意後見監督人

必要に応じて指導・監督・代理

③ 任意後見契約を締結しておくことの意義

　会社代表をしていた場合などは，不慮の事故や認知症などによる判断能力の低下により，重要な決定事項を判断できなくなります。また本人に関する相続などが発生した場合に，正しい遺産分割協議が行えません。こうしたリスクを予防するため，自分にまだ判断能力があるうちに，自分の思いを信頼できる人に反映し，代理してもらうことは会社の存続や自分自身の財産確保や自分の後継者への適切な事業継承・財産継承につながります。

　また，本人を支援する側も任意後見の契約内容が登記されているため代理人としての任意後見人の地位が公的に証明され，第三者に対しても分かりやすく契約などの法律行為を行うことができます。親族ということのみでの代理では，不正行為などが出やすいのが事実であり，任意後見契約では家庭裁判所が任意後見監督人を選任しているため，任意後見人を監督する人がいるので，本人の財産の不正利用なども起こりにくくなります。

④ 任意後見人を選ぶポイント

　概要のところでも少し触れましたが，任意後見人となる人は自分にとって人間的にも社会的にも信頼できる人物でなければ，自分の思いを任せることができません。ですから，任意後見人を選ぶ際に次のような点が見受けられる人は選ばないようにして下さい。

①常に自分が主役になりたいような人
　任意後見制度は，判断能力がない，又は衰えても本人の意思が主役であり，任意後見人の意思が主役ではないからです。
②自分自身の損得勘定で動きやすい人
　これも①と同様に，任意後見人の利害を優先しがちだからです。
③本人が行っている仕事に深く関係している人
　本人が会社代表や個人事業主である場合，社内の人間や取引先など，金銭等の利害関係が発生しやすいからです。
④責任感のない人やボランティア精神が全くない人
　任意後見人は自分でない他人の財産管理や身上監護の役割が大きいため，責任感の欠如や他人を助けたいという思いがない人は不向きであるからです。
⑤借金癖があり，過去や今現在，借金がある人
　任意後見人の重要な代理行為の中には財産管理がありますので，不正を起こしやすくなるからです。
⑥本人より年齢が上の人や明らかに高齢な親族
　年齢からくる健康上の問題等が出てくると本人の支援どころではなくなるからです。

　以上のような点に注意して，任意後見人を選んでみて下さい。これはすぐ分かることではないですから，長い付き合いの中，十分コミュニケーションをとった上での判断になると思われます。

5　任意後見契約を成功させるための方法

　せっかく任意後見契約を締結しても，十分な効果がないと意味がありません。しかも任意後見契約の性質上，本人の判断能力が低下しないと契約自体の効力が発生しないというデメリットがあります。そうした足りない点を補足するものとして，任意後見契約に付随する契約を説明していきます。

(1) 任意後見人の活動を複数でする形態

　任意後見人の仕事は契約の内容によって個別に違いますが，多くの仕事がある場合があります。任意後見人の負担を減らすためにも一人で全て背負い込むのではなく，例えば財産管理については法的専門職をつけ，身上監護を福祉関係の専門家や親族などが受け持つというように，複数での任意後見人をつけることができます。またＮＰＯ法人など組織単位で受けてもらうこともでき，その担当者との複数での任意後見も可能です。

　複数での任意後見人の役割分担の方法には，

　Ⅰ．各々に同じ範囲の仕事を任せる
　Ⅱ．任意後見人ごとに任せる仕事の範囲を決める
　Ⅲ．複数の任意後見人が共同して同じ仕事を行う

という，3種類があります。これは，任意後見人が何かのトラブルで代理行為ができないリスクなどに備えることに有効な方法であります。

(2) 任意後見契約の前後に付随する契約を利用する

　前述したように，任意後見契約は本人の判断能力が低下してから効力を発生します。その前からサポートする契約を締結しておけば判断能力があるうちから一緒に難しい法律行為などに対処でき便利です。それが「任意代理契約（見守り契約）」です。

　また，本人が亡くなった後の意思を反映させるためには，「死後事務委任契約」で死後の病院や施設への支払いや葬儀方法などを指定しておくことができます。これは，任意後見契約や任意代理契約の対象外の事項なので別途定めておく必要があります。

　最後に，死後の財産の分配の意思を示すものとして「遺言」があります。

ちなみに先ほどの死後の事務については遺言の中には盛り込めません。遺言には「遺言事項」というものがあり，大きくわけて，相続に関することと財産の処分に関すること，身分に関することの三つの事項のことしか内容として入れることができません。よって，遺言の中で主に意思を反映したいものは，相続分の指定や遺贈などですから，そちらを任意後見契約と合わせて作成しておけば本人の死後の財産の継承もスムーズにいくと思われます。

【参照】民法902条 遺言による相続分の指定，民法964条 包括遺贈及び特定遺贈

またさらに言うと任意後見契約は公証役場で公正証書として作成されますから，その時に遺言も「公正証書遺言」にしておけば万全です。

■各契約効力の発生時期の図

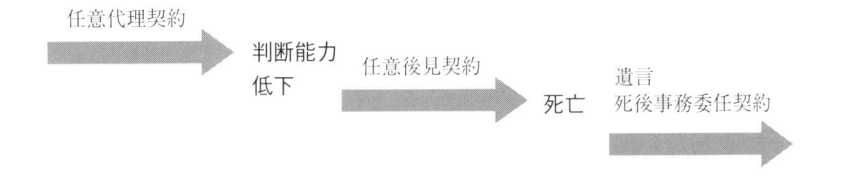

任意代理契約 → 判断能力低下 → 任意後見契約 → 死亡 → 遺言 死後事務委任契約

6 任意後見人の仕事内容について

任意後見契約の中で，どんな仕事を頼むかは本人と任意後見人との話合いの中で決めていきます。ですから個々によって違いますが，大きく分けて財産管理に関する代理と身上監護に関する代理（日常生活に関する支援）などの仕事が考えられます。お互いが取り決めたそれらの代理権の範囲をまとめたものを「代理権目録」といい，その内容に従って任意後見人は職務を遂行することになります。代理権目録の例は次のとおりです。

代理権目録（案）

1. 継続的管理業務

①甲（本人）に帰属する全財産の管理・保存並びにその果実の管理・保存
②次の取引を含む金融機関とのすべての取引
　ア．預貯金に関する取引（預貯金の管理，振込依頼・払戻し，口座の変更・解約等）
　イ．預貯金口座の開設及び当該預貯金に関する取引
　ウ．簡易保険に関する全ての取引
　　・満額保険金，生命保険金，入院保険金，死亡保険金，解約還付金，貸付金の各支払請求及び受領
　　・保険証書の再発行請求及び受領
　　・保険契約者の変更請求
　　・その他，簡易保険契約の変更，解除等を含む一切の取引
　エ．貸金庫取引
　オ．保護預り取引
　カ．金融機関とのその他の取引
　　・当座勘定取引　・融資取引　・保証取引　・担保提供取引
　　・証券取引（国債，公共債，金融債，社債，投資信託等）
　　・為替取引
　　・信託取引（予定配当率を付した金銭信託を含む）
　　・その他一切の取引
③定期的な収入（家賃，地代，年金，障害手当金その他の社会保障給付等）の受領及びこれに関する手続
④定期的な支出を要する費用（家賃，地代，公共料金，保険料，ローンの返済金，税金等）の支払及びこれに関する諸手続
⑤生活費の送金
⑥日用品の購入，その他日常生活に関する取引
⑦証書等（登記済権利証，登記識別情報，実印，銀行印，印鑑登録カード），その他これらに準ずるものの保管及び事務処理に必要な範囲の

使用
⑧その他前各号に付帯する一切の事務
⑨前各号に関する復代理人の選任
⑩前各号に関する事務代行者の指定

2．その他の業務（上記の継続的管理業務以外の業務）
①甲（本人）に帰属する全財産の変更・処分・売却並びにその果実の変更・処分・売却
②「1．継続的管理業務」記載事項以外の甲（本人）の生活，療養看護及び財産管理（財産の購入・処分等を含む）に関する一切の法律行為に関する代理業務
③行政官庁に対する諸手続（市区町村・社会保険庁に関する諸手続・登記申請・供託の申請・税金の申告等）に関する一切の代理業務
④「1．継続的管理業務」及び「2．その他の業務」記載の各事項に関する下記の行為
　Ⅰ．裁判外の和解（示談）
　Ⅱ．仲裁契約
　Ⅲ．行政機関等に対する不服申立及びその手続の追行
　Ⅳ．弁護士に対して訴訟行為及び民事訴訟法第55条第2甲の特別授権事項について授権すること，または，司法書士に対して司法書士が代理できる訴訟行為及び民事訴訟法第55条2項の特別授権事項について授権すること
⑤その他前各号に付帯する一切の事務
⑥前各号に関する復代理人の選定
⑦前各号に関する事務代行者の指定

　以上が，代理権目録案で本人のために任意代理人が行う職務の例です。これを全部，全ての場合で代理するわけではありませんのでご了承下さい（個々で代理する内容が契約の中で変わってきます）。
【参照】「成年後見」実務ハンドブック

7 任意後見契約の終了

任意後見契約の終了原因としては，次のようなことがあります。
①任意後見契約の解除
　任意後見契約の開始前は公正証書で解約，開始後は家庭裁判所の許可で解除します。
②任意後見人の解任
　任意後見人の不正な行為や任務に適さない事由がある場合，家庭裁判所に申告後，任意後見登記の抹消をします。
③本人や任意後見人の法定後見（後見・保佐・補助）の開始
　本人の利益のために必要と家庭裁判所が判断します。
④本人や任意後見人の死亡または破産
　本人が死亡した場合，通常の死亡後の手続を任意後見人と本人の親族が協力してすることになります。死後事務委任契約があれば，任意後見人が単独ですることができます。
　任意後見人が死亡した場合，任意後見監督人は，死亡による任意後見終了の登記をしたうえで，任意後見人の遺族に，受任事務の終了の報告，管理の計算をするように求めます。緊急に処理しなければならない事項で遺族では対応できないものは，任意後見監督人が行うとともに，家庭裁判所に任意後見監督人としての監督業務について終了の報告をします。引き続き後見の必要があれば，本人，配偶者，4親等内の親族などの申立権のある人に新たに申立をするよう促すことになります。

8 任意後見契約に関する費用

最後に任意後見契約に関する費用の説明をします。まず任意後見契約は公正証書で行い，その後登記されますので公証役場や登記でかかる費用は以下のとおりとなっております。

　公証人基本手数料　　金11,000円
　登記手数料　　　　　金 2,600円
　登記嘱託手数料　　　金 1,400円

※その他として，公証人に自宅や病院などに出張してもらうと旅費・日当などがかかります。

また，実際に任意後見契約の効力を持たせる時（本人の意思能力が低下した時）に任意後見監督人の選任の申立をします。その際に，収入印紙や登記印紙，切手代などの費用が，金6,000円程度かかります。

ですから，全て合わせて金20,000円～金30,000円程度の費用がかかることになります。

以上が，成年後見制度における任意後見制度の概要と利用の仕方です。任意後見契約は，将来発生するかもしれないリスクを回避するための保険と思っていただけると分かりやすいかと思います。

戸籍の知識と集め方

行政書士 **久々宮典義**

　普通に生活をしていて「戸籍」というものを意識することは，パスポートを申請するときや婚姻届を提出するときくらいではないでしょうか。ちょっと普段の生活からは縁遠い感じがする「戸籍」ですが，とても重要な役割を担っています。戸籍とは，日本国民の身分を公に証明するもので，出生や親子関係，婚姻，離婚，死亡などを証明するものです。

　普通の生活をしていて戸籍を必要とするのはパスポート申請のときくらいと述べましたが，どうしても必要になるときがあります。それは「相続」のときです。相続手続の際には相続人を確定するために，原則被相続人の出生から死亡までの戸籍をそろえる必要があります。

　ここでは戸籍に関する基本知識や戸籍の収集方法について解説していこうと思います。

１　戸籍に関する基本知識

　戸籍を入手するには「本籍地」の市区町村役場に請求しなければなりません。本籍地と現住所が同一市区町村でない限り，現住所の市区町村役場に行っても戸籍謄本を請求することはできません。

　では，本籍地はどうすれば確認できるのでしょうか。

　自動車の運転免許証には本籍の記載がありましたが，平成19年から導入されたＩＣカード運転免許証には本籍地は空欄になっています。今後全てＩＣカード運転免許証になりますので，運転免許証で本籍地を確認することはできなくなります。

　次に確認する方法としては，「住民票の写し」を請求することです。ここで

気をつけなければならないのは，特に申し出をしない限り原則として本籍の記載は省略されるということです。ただ，通常は請求用紙の「本籍をのせますか」という欄に○をすることやチェックをいれることで，本籍や筆頭者が記載された住民票の写しが交付されます。
　ここで「筆頭者」という言葉が出てきましたので解説いたします。筆頭者とは，戸籍の始めに記載されている人のことです。この筆頭者の氏（姓・苗字）が戸籍に記載されている人の氏になります。婚姻時に夫の氏を名乗ることを選択した場合，夫が筆頭者になり，妻が配偶者になります。婚姻時に妻の氏を名乗ることを選択した場合は，筆頭者は妻になります。
　なお，仮に筆頭者の方が亡くなったとしても，住民票上の世帯主と異なり戸籍の筆頭者は変わりません。

　戸籍を手に入れるには「本籍地」の市区町村役場に請求しなければならないということは先に述べましたが，本籍地を確認してみると現在の住所地ではなく遠方であることが多く見られます。
　この場合，遠方の市区町村役場に直接行かなくても郵送で請求することができます。郵送で請求する際には，返信用封筒，本人確認書類として運転免許証などのコピー，交付手数料は郵便局で定額小為替を購入して同封します。手数料は現行戸籍が450円，除籍・原戸籍は750円です。郵送にて請求するときには請求する市区町村役場のホームページを確認するとよいと思います。

　本籍地が遠い場合は，現住所に本籍を移すこともできます。これを「転籍」といいます。本籍の変更を希望する人は，転籍届をすることにより，住居表示の街区符号（○番）に変更することができます。住居表示の「○号」は建物の番号なので本籍には表示できません。
　例）住所　「福岡市中央区天神一丁目1番1号」
　　　本籍　「福岡市中央区天神一丁目1番」

　なお，本籍地は現住所である必要はありません。どこでもいいのです。便宜上住所地を本籍地にしている方が多いですが，本籍は先祖代々の土地から移さないという方も多いです。親の本籍地をそのまま自分の本籍地にしてい

るケースです。
　ここで「謄本」と「抄本」の違いを確認しておきましょう。
　謄本とは，記載されている内容全部の写しのことで，抄本は一部の写しのことです。データ化されているものでは，「全部事項証明」，「一部事項証明」といいます。通常相続手続の際に必要とするのは，「戸籍謄本」と「全部事項証明書」です。
　戸籍を収集していると，「除籍」，「戸籍の改製」，「改製原戸籍」などの言葉が出てきます。これらの意味も確認しておきましょう。
　「除籍」とは，戸籍に記載されている人が，死亡や婚姻によりその戸籍から除かれることをいいます。そして戸籍に記載されている人全員が戸籍から除かれると戸籍簿から除籍簿に移しかえられます。このように除籍された戸籍全部の写しを除籍謄本といいます。また，転籍するとほかの本籍地に新しい戸籍を作りますので，転籍前の戸籍は除籍になります。
　「戸籍の改製」ですが，戸籍は明治以降，法改正やデータ化によって何度か作り替えられています。これを「改製」といいます。そして改製される前の戸籍のことを「改製原戸籍」といいます。基本的には記載事項をそのまま移すので，記載されている内容は改製後の戸籍謄本と変わりません。しかし戸籍を改製する際に死亡や婚姻により除籍されている人については移しかえられません。つまり改製するときに在籍している人のみ移しかえられるということです。このようなことがあるため，相続手続の際などでは「戸籍の改製」という言葉が出てきたら，改製原戸籍を取得するのを忘れないようにしましょう。

② 戸籍の見方・読み方

　具体的に現在のデータ化された戸籍謄本（全部事項証明）から，特定の人の戸籍をさかのぼって取得してみましょう。
　今回は例として「利須区法務さん」が亡くなったとして，出生までの戸籍をさかのぼってみたいと思います。
　下記が現在のデータ化された戸籍の例です。
　まずは戸籍事項の欄を見てください。「【改製日】平成14年3月2日　【改製

	全部事項証明
本　　　籍 氏　　　名	大分県佐伯市大字上岡123番地4 利須区　法務
戸籍事項 　戸籍改製	【改製日】平成14年3月2日 【改製事由】平成6年法務省令第51号附則第2条第1項による改製
戸籍に記録されている者 　　　除籍	【名】**法務** 【生年月日】昭和20年1月1日　　【配偶者区分】夫 【父】利須区太郎 【母】利須区花子 【続柄】二男
身分事項 　出　　生	【出生日】昭和20年1月1日 【出生地】大分県佐伯市 【届出日】昭和20年1月11日 【届出人】父
婚　　姻	【婚姻日】昭和45年2月2日 【配偶者氏名】福岡法子 【従前戸籍】大分県佐伯市大字上岡234番地5　利須区太郎
死　　亡	【死亡日】平成23年3月3日 【死亡時分】午前4時4分 【死亡地】福岡県福岡市 【届出日】平成23年3月13日 【届出人】親族　利須区法太
戸籍に記録されている者	【名】**法子** 【生年月日】昭和22年5月5日　　【配偶者区分】妻 【父】福岡一郎 【母】福岡法美 【続柄】長女
身分事項	以下記載省略

事由】平成6年法務省令第51号附則第2条第1項による改製」とあります。これは法改正により新たに戸籍が平成14年3月2日に編製されたということです。つまりこの戸籍の前に「筆頭者　利須区法務」の平成14年3月2日までの改製原戸籍があることがわかります。

また，身分事項の【従前戸籍】の欄を見ると，利須区法務さんがこの本籍地で戸籍を編製する前に属していた本籍地と筆頭者が確認できます。この見本の戸籍には，平成14年3月2日より戸籍取得日までが記載されています。

　それでは，次に平成14年3月2日までの改製原戸籍を見てみましょう。この改製原戸籍の様式は「昭和23年式戸籍」といいます。
　戸籍事項欄（本籍の左の上4行下4行の部分）より，この戸籍は昭和45年2月2日に編製されたことがわかります。また右欄外に「平成六年……改製につき平成14年3月2日消除」とあります。

　このことにより，この見本の戸籍には，昭和45年2月2日より平成14年3月2日までが記載されていることがわかります。

　先程のデータ化された戸籍の身分事項の【従前戸籍】の欄でも確認できましたが，ここでも「大分県佐伯市大字上岡234番地5　筆頭者　利須区太郎」の戸籍が従前の戸籍であることがわかります。

　では，「大分県佐伯市大字上岡234番地5　筆頭

	夫	母	父	籍本	改製原戸籍
出生 昭和弐拾年壱月壱日	法務	花子 弐男	利須区 太郎	大分県佐伯市大字上岡百弐拾参番地四　氏名　利須区　法務	

（右側縦書き）
百参拾四番地五利須区太郎戸籍から入籍
昭和四拾五年弐月弐日福岡法子と婚姻届出佐伯市大字上岡弐
昭和弐拾年壱月壱日佐伯市で出生同月拾壱日父届出入籍
婚姻の届出により昭和四拾五年弐月弐日編製

平成六年法務省令第五十一号附則第二条第一項による改製につき平成拾四年参月弐日消除

者　利須区太郎」の戸籍を見てみましょう。

　戸籍事項欄より，この戸籍は昭和23年8月8日に出生の届出により編製されたことがわかります。昭和23年の法改正により子供が出生したことに伴い，この戸籍は編製されています（ここでは記載を省略していますが，利須区法務さんの弟が昭和23年8月8日に生まれたことにしています）。

　利須区法務さんの身分事項欄を見てみると「昭和23年8月8日父母に随い入籍」とあります。また，利須区法務さんの身分事項欄に「昭和45年2月2日福岡法子と婚姻届出佐伯市大字上岡123番地4に夫の氏の新戸籍編製につ

| 本籍 | 大分県佐伯市大字上岡弐百参拾四番地五 | 氏名 | 利須区　太郎 |

戸籍事項欄（右側戸籍）：
出生の届出により昭和弐拾参年八月八日父母につき本戸籍編製
佐伯市大字上岡弐百参拾四番地五に転籍利須区太郎同人妻花子届出昭和参拾五年五月五日受付
利須区大輔同人妻祥子の養子となる縁組届出昭和四拾八年七月七日受付南海部郡中野村大字風石百弐拾参番地山田一郎戸籍より入籍
利須区花子と婚姻届出昭和四拾八年七月七日受付
昭和弐拾参年八月八日佐伯市大字上岡六百七拾八番地利須区大輔戸籍より入籍
以下記載省略

父　山田　一郎
母　　　洋子
養父　利須区　大輔
養母　　　　祥子
夫　　　　　太郎
出生　大正参年六月六日
　　　　　　三男
　　　　　　養子

戸籍事項欄（左側戸籍）：
昭和弐拾年壱月壱日佐伯市大字上岡六百七拾八番地で出生
父利須区太郎届出同月拾壱日受付
昭和弐拾参年八月八日父母に随い入籍
昭和四拾五年弐月弐日福岡法子と婚姻届出佐伯市大字上岡百弐拾参番地四に夫の氏の新戸籍編製につき除籍
省略

父　利須区　太郎
母　　　　　花子
　　　　　　弐男
出生　昭和弐拾年壱月壱日
法務

き除籍」とあります。この記載により昭和45年2月2日にこの戸籍から除籍になったことがわかります（ちなみに，利須区法務さんのところにある×は除籍の意味です）。

そして父親の利須区太郎さんの身分事項欄には「昭和23年8月8日佐伯市大字上岡678番地利須区大輔戸籍より入籍」との記載があります。つまり，「大分県佐伯市大字上岡678番地　筆頭者　利須区大輔」の戸籍が従前の戸籍だということがわかります。

この見本の戸籍には，利須区法務さんについては昭和23年8月8日より昭和45年2月2日までが記載されています。

では，「大分県佐伯市大字上岡678番地　筆頭者　利須区大輔」の戸籍を見てみましょう。この戸籍の様式は「大正4年式戸籍」といいます。

右の見本は戸籍の冒頭の戸主の部分です。「戸主」とは一家の統率者のことで，昭和23年式戸籍からは使われていません。現行戸籍の筆頭者と異なり，家族を家から排除する権利など戸主には非常に強い権限が与えられていました。

この見本の戸主の部分は戸主である利須区

本籍地	大分県佐伯市大字上岡六百七拾八番地
前戸主	亡　利須区新太郎

前戸主トノ続柄	父	亡利須区新太郎長男
	母	亡利須区新太郎
		亡　セツ
		長男

記載省略

南海部郡因尾村大字井上参百拾弐番地ヨリ転籍届出昭和拾八年八月拾八日因尾村長柳井勇受付同月弐拾五日送付

昭和参拾弐年法務省令第弐拾七号により昭和参拾参年四月

昭和参拾弐年法務省令第弐拾七号により昭和参拾参年拾壱月壱日本戸籍改製

弐拾日あらたに戸籍を編製したため本戸籍消除

省略

戸　　主

出生　明治拾弐年九月九日

利須区　大輔

大輔さんの事項欄を一部省略していますが,「……ヨリ転籍届昭和18年8月18日……受付……」とあるように,この戸籍は昭和18年8月18日に編製されたことがわかります。また,「……昭和33年11月20日……本戸籍消除」とあるように,この戸籍は昭和18年8月18日より昭和33年11月20日までのものであることがわかります。

利須区法務さんの身分事項のところに,「本籍ニ於テ出生……昭和20年1月11日受付入籍」とあり,「昭和23年8月8日……除籍」とあります。

この戸籍は利須区法務さんについて出生より昭和23年8月8日までが記載されています。

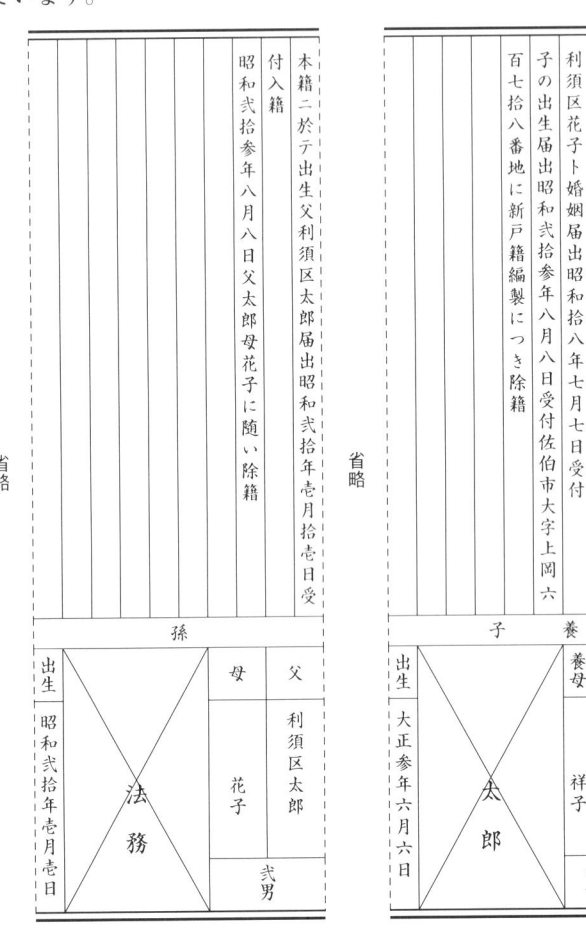

	孫		
省略	昭和弐拾参年八月八日父太郎母花子に随い除籍	本籍ニ於テ出生父利須区太郎届出昭和弐拾年壱月拾壱日受付入籍	出生 昭和弐拾年壱月壱日 / 父 利須区太郎 / 母 花子 / 弐男 法務

	養 子		
省略	利須区花子ト婚姻届出昭和弐拾八年七月七日受付佐伯市大字上岡六百七十八番地に新戸籍編製につき除籍	南海部郡中野村大字風戸百弐拾参番地山田一郎三男利須区大輔同人妻祥子と養子縁組届出昭和拾八年七月七日受付入籍	出生 大正参年六月六日 / 父 山田一郎 / 母 洋子 / 養父 利須区大輔 / 養母 祥子 / 三男 養子 太郎

100

こうして利須区法務さんの出生から死亡までの戸籍・原戸籍・除籍が揃ったわけですが，これらの謄本を確認し，相続人を確定していきます。

3　戸籍に関する関連知識

　これまで見本の戸籍で，「データ化された全部事項証明」，「昭和23年式戸籍」，「大正4年式戸籍」をご紹介しましたが，紙面の都合上ご紹介できなかったもので「明治31年式戸籍」と「明治19年式戸籍」というものがあります。

　「明治31年式戸籍」には，「戸主ト為リタル原因及年月日」という欄があり，ここには家督相続をした年月日などが記載されるので，戸籍がいつ作られたのか一目でわかります。

　「明治19年式戸籍」は現状入手しうる最も古い戸籍です。

　明治19年式戸籍の前には「明治5年式（壬申）戸籍」という近代日本で最初に全国統一様式で作成された戸籍があるのですが，現在では交付請求することができません。

　明治19年式戸籍から大正4年式戸籍までは，家単位で戸主を中心としてその直系・傍系の親族を一つの戸籍に記載しています。現在の戸籍のように夫婦親子の単位で戸籍が編製されるようになったのは，昭和23年式戸籍からです。また，昭和23年式戸籍からは筆頭者の死亡が戸籍を作り替える原因にならなくなりました。

4　おわりに

　除籍簿や原戸籍には保存期間があり，それぞれ150年です。以前は80年でしたが，省令改正により150年に延長されましたので今ではそう簡単には廃棄処分はされませんが，保存期間が80年の時に処分されてしまった除籍もあるそうです。

　「明治19年式戸籍」となると，戸主の方の生年月日が天保○年とか安政○年など幕末生まれの方が出てきます。それに今となってはほとんど耳にすることもなくなった「家督相続」，「隠居」，「分家」など，まるで江戸時代に聞くような文字が出てきます。

直系尊属（父母，祖父母，曾祖父母など）に関するものしか請求できませんが，幕末生まれのご先祖様の分まで集めると，ちょっとした家系図ができます。相続手続とは関係なく，自分のご先祖様を確認するために古い戸籍を集めてみるのもおもしろいものです。

COLUMN 2

縁を切る？ 戸籍を抜く？

行政書士　久々宮典義

「勘当だ！ 今日からお前と親子の縁を切る！ お前とは今日から親子じゃないからな！」

最近はあまり聞かなくなったセリフですが，親子の縁を切ることはできるのでしょうか？

結論から言いますと，法律的に実の親子関係を切ることはできません。いくら親が勘当だ，縁を切ると言っても，法律上は親子関係ですから，相続が発生したら子供に相続権はあります。

「縁を切る」ということと少し関係しそうなこととして，「推定相続人廃除の申立」があります。これは推定相続人が被相続人に対して虐待をしたり，重大な侮辱を加えたり，推定相続人に著しい非行があった時に，被相続人などの請求により，家庭裁判所が調停や審判によってその推定相続人を相続から廃除する制度です。廃除が認められると，廃除された人は廃除した被相続人に対する相続権を失いますが，例えば父親に廃除されたとしても，母親に対する相続権は失いません。この場合でも父と子の親子関係は何も変わらず，相続権だけがなくなります。ただし，この推定相続人の廃除について家庭裁判所は慎重で，認められることは少ないようです。

次に「戸籍を抜く」ということに関してですが，戸籍を分けることはできます。これを「分籍」といいます。筆頭者とその配偶者以外の20歳以上の人なら今の戸籍から分かれて，一人で新しい戸籍を作ることができます。しかし分籍してもそれは単純に戸籍を分けただけですので，親との縁が切れるということはありません。親や兄弟などとの関係は，分籍してもしなくても何も変わりません。また，相続と分籍は全く関係がありませんので，分籍したからといって相続関係に変化が生じることも全くありません。

以上のように，血族関係を解消する方法はありません。親や兄弟がいることは事実なので，事実を変えることはできないのです。関係を断つということで「縁」を切ることはできても，血のつながりという事実を切ることはできないのです。

もらえるようになった寡婦年金

特定社会保険労務士 **堀江玲子**

金融機関の年金相談会で出会った相談事例。一歩まちがえば，未亡人は年金制度に対する不信感や，年金事務所の対応に怒りがおさまらなかったのではないかと思われた事例である。

1 事例の経緯

- 死亡した人：A男さん。専業農家で20歳から60歳まで40年間きちんと国民年金を払っていた。65歳からもらえる満額の老齢基礎年金（月66,000円）を楽しみにしていた。
- 配偶者：A男さんより5歳年下のB子さん。B子さんも国民年金を40年間払い続けていた。
- 平成22年5月15日，A男さんは65歳になり，6月1日に老齢基礎年金の請求手続をおこなった。
- ところが，A男さんは突然，前触れもなく6月28日に死亡。妻B子さんはあまりにも急なことで気が動転した。しかし，子供たちの手助けもあり，死亡後の手続を一つずつこなしていった。
- B子さんは，A男さんが年金の手続をおこなったばかりであることを思い出した。早急に事務処理を止めてもらわねばと，年金事務所が月1回行っている年金出張相談所に予約を入れた。
- 7月8日の相談日に死亡診断書や除籍謄本などの書類を持参し，「夫が亡くなりましたので，手続を止めてください」と伝えた。
- 職員はお悔やみを述べた。年金事務所に持ち帰り，上司の判断を仰ぎ，どのように処理するかご連絡しますと答えた。B子さんは念のため，担当職

員の氏名（Cさん）を確認した。
- Cさんから数日たっても連絡がないため，A子さんのほうから電話をかけた。するとほかの職員がCさんは休んでいるので伝えておきますと答えた。
- その後もB子さんから2回電話をかけるが，要領を得ないので，とうとう文書で回答をくださいと念を押した。それでも遂に回答は来なかった。
- 7月下旬になり，亡き夫宛に老齢基礎年金の年金証書（6月17日裁定）が来たが，死亡の連絡をしているので，何もしなくていいのだろうと思っていた。
- 平成23年1月になり，日本年金機構から「平成22年分公的年金等の源泉徴収票」（支払金額約40万円）が届き，驚いてしまった。
- あわてて，夫の通帳の記帳をしてみると，止まっているはずの年金が8月以降，偶数月の15日にずっと振り込まれていたのだった。
- 以前から取引があった金融機関の職員に付き添われ，どうしてこんな風になってしまったのかと憤慨した様子で，2月の年金相談会にお見えになったのであった。

2　基本権と支分権

　そもそも年金をもらう（受ける）権利とは，法律上どういうことなのだろうか。
　『年金保険法』堀勝洋氏によると，年金を受ける権利を「年金受給権」という。国年・厚年法は，年金を受ける権利を，①「年金給付（保険給付）を受ける権利」と，②「年金給付（保険給付）の支給を受ける権利」とに書き分けている。①を「基本権」，②を「支分権」という。
　「基本権」とは，各支払期に受ける年金の根拠となる権利である。「支分権」とは，各支払期に年金を受ける権利であり，基本権から派生する権利である。したがって，「支給される」のは支分権としての年金であると記されている。

東京地判平成3年1月23日
　「年金の受給権は，受給権者がその支給要件を充足して年金の給付を受ける権利（いわゆる基本権）を取得して，厚生労働大臣に対して基本権たる受

給権の確認の請求としての裁定の請求をし、これに対して厚生労働大臣が受給権の裁定を行い、その確定をまってはじめて、各支払期日に一定の年金の支払いを受けることができる行使可能な具体的請求権（いわゆる支分権）として存立するにいたるものであって……、被保険者は、それ以前においては、将来、支給要件を具備した段階において、基本権又は支分権としての年金受給権を取得することを期待することができる地位にあるに過ぎない」

以上のことから、もう一度この事例の流れを整理すると、次のようになる。

5月14日	年金受給権発生の日（誕生日の前日が年齢に達した日となるため）基本権発生
6月1日	裁定請求した日（いつ行うかは本人の自由）、しかも、たまたま支分権発生の日（基本権発生の翌月1日）
6月17日	裁定の日（行政の事情により変わる場合もある）
6月28日	死亡（老齢基礎年金の受給権消滅）
7月8日	死亡の届け出（年金事務所届け出を処理せず）
8月13日	第1回目の年金支払い日（通常は偶数月の15日支給、年金は後払いなので、6月分と7月分）

支分権が発生した月に死亡したA男さん。妻のB子さんは一体何がもらえるのだろうか。可能性として、寡婦年金又は死亡一時金もしくは未支給年金があげられる。

③ 寡婦年金とは

ここで国民年金第49条の寡婦年金の支給要件を確認する。

寡婦年金は、死亡日の前日において死亡日の属する月の前月までの第一号被保険者としての被保険者期間に係る保険料納付済期間と保険料免除期間とを合算した期間が二十五年以上である夫が死亡した場合において、夫の死亡の当時夫によって生計を維持し、かつ、夫との婚姻関係（届出をしていないが、事実上婚姻関係と同様の事情にある場合を含む。）が十年以上

継続した六十五歳未満の妻があるときに、その者に支給する。ただし、その夫が障害基礎年金の受給権者であったことがあるとき、又は老齢基礎年金の支給を受けていたときは、この限りでない。

この「老齢基礎年金の支給を受けていたとき」がポイントで、Ａ男さんは、６月１日に裁定請求をし、支分権が発生しているので、法律上は支給を受けていたことになるのである。妻Ｂ子さんにとって、８月13日の支払日の前に止めているので、受けていないと強く主張されると思われるが……。

④ 死亡一時金

次に国民年金法第52条の２の死亡一時金の支給要件を確認する。

　死亡一時金は、死亡日の前日において死亡日の属する月の前月までの第一号被保険者としての被保険者期間に係る保険料納付済期間の月数と保険料半額免除期間の月数の二分の一に相当する月数とを合算した月数が三十六月以上である者が死亡した場合において、その者に遺族があるときに、その遺族に支給する。ただし、老齢基礎年金又は障害基礎年金の支給を受けたことがある者が死亡した時は、この限りでない。

通達では、支給を受けたかどうかは、支分権が発生しているかどうかで判断するとしている。ということは、死亡一時金ももらえないということになる。

⑤ 未支給年金とは

最後に国民年金保険法第19条の未支給年金の要件を確認する。

　年金給付の受給権者が死亡した場合において、その死亡した者に支給すべき年金給付でまだその者に支給しなかったものがあるときは、その者の配偶者、子、父母、孫、祖父母又は兄弟姉妹であって、その者の死亡の当

時その者と生計を同じくしていたものは，自己の名で，その未支給の年金の支給を請求することができる。

A男さんは，受給権が発生した日の属する月の翌月以後に死亡しており，「年金の支給を受けていた」になるので，本来は未支給年金の該当者なのである。

6 年金額

寡婦年金の年金額の計算式は，夫の老齢基礎年金額の3／4であるから，792,100円（平成22年度の満額の金額）×3／4＝594,100円（端数処理後）。
※ただし，寡婦年金の支給期間は妻が60歳から65歳になるまでの5年間なので，受給総額は約300万円。

死亡一時金は，保険料納付済期間35年以上40年未満で320,000円
未支給年金の年金額は，6月分の66,000円のみ

金額を比較すると，当然遺族は実際もらっていないので（死亡の届け出を出しているし，年金が振り込まれているのは知らなかったと主張）寡婦年金を希望するであろう。

7 年金事務所の対応

この相談を受けて，過去に読んだことのある相談事例がよみがえった。

平成20年11月28日中央社会保険審査会の裁決
「夫が老齢基礎年金を未請求のまま死亡した場合は，裁定されて初めて支分権が発生するという解釈を行い，老齢基礎年金の繰り下げ待機中の者は法的には受給権者であっても，寡婦年金を支給すべきである」

行政側のあきらかなミスの場合，個別に事例を精査した上だが，かなり年

金受給者の立場に配慮した措置がとられるようになっているのが実情である。今回は支分権発生後に死亡しているが，年金事務所の事務処理ミスがあるので，交渉の余地があるのではないかと判断した。

　年金事務所の上部組織「お客様相談センター」に電話を入れたところ，その後の対応はすばやかった。事実確認後，日本年金機構と相談の上，お詫びに伺い，老齢基礎年金の取り消し処理を行います，その上で寡婦年金の手続を行いますとの回答がなされた。

　つまり，老齢基礎年金の手続がなかったことにして，（支払われた年金は返してもらって，受給権そのものを発生させない）寡婦年金を発生させる処理をするというのである。

　B子さんにとって，この処理は満足がいくものであった。

　今回は，顧客側からの相談なので，きわめて顧客の立場・心情に添った行動をとった。しかし，年金に携わる者として，法律上の基本的な考え方は，常にしっかりと押さえておかなければならないと肝に命じた事例であった。

　このときの添付資料のうち，2種類程紹介する。No.1は，年金事務所が用意した申立書。No.2は，老齢基礎年金が約40万円振り込まれているので，その返却方法を選ぶものである。

＊なお，今回引用した事例は，個人情報保護の観点から若干変更していることをご了解いただきたい。

No.1

年金請求取消申立書

　亡夫　○○○○は，平成22年5月15日で65歳になったため，6月1日に老齢年金の請求をしましたが，年金の通知を見ることなく6月28日他界いたしました。
　その後，7月8日の出張年金相談で遺族年金について相談し，後日回答をもらうことになっていましたが連絡がなく，年金は受け取れないものと思っていました。
　この度，昨年の年金相談では死亡の手続が終わっていないうえ，年金が振り込まれていることが分かりました。振り込まれた年金は全額返納しますので，夫の老齢年金の請求取消を申し立てます。

　平成23年2月○○日

　　　　　　　　　　住所
　　　　　　　　　　氏名　　　　　　　　　　印
　　　　　　　　　　電話番号

No.2

返 納 方 法 申 出 書

基礎年金番号										年金コード			

返納方法については下記の方法を希望します。
1　今後支払われる年金で返済する場合
　ア．各期に支払われる年金の金額（返納額が全額に満たない場合はその額）を返済に充てることを希望する。
　イ．各期に支払われる年金の（2・3・4・5・6・7・8・9・10）分の1に相当する額を返済に充てることを希望する。
（注）（　）内のいずれか1つの数字に○印を付してください。
（例）各期に支払われる金額（2か月分）が10万円の場合

	各期支払額	返済に充てる額	差引き各期支払額
3分の1を希望された場合	100,000円	33,333円	66,667円
5分の1を希望された場合	100,000円	20,000円	80,000円

※なお、年金から介護保険料、所得税を徴収されている方の場合は、『差引各期支払額』から、これらを引いた後の額が実際の支払額となります。
2　現金で返納する場合（別途、日本年金機構支払部より納付書を送付いたします。）
　ウ．現金による一括返済を希望する。
　エ．現金による分割返済を希望する。
　　　・納付開始月：平成　　　年　　　月
　　　・毎月の納付金額 ＿＿＿＿＿＿＿＿＿＿円
※誠に恐れ入りますが、上記ア～エのいずれかに○印を付し、必要事項をご記入いただいた上で、次の氏名、住所、生年月日、電話番号をご記入願います。
平成　　年　　月　　日
受給権者　氏　名 ＿＿＿＿＿＿＿＿＿＿＿＿＿＿＿＿＿　印
　　　　　住　所 ＿＿＿＿＿＿＿＿＿＿＿＿＿＿＿＿＿
　　　　　生年月日 ＿＿＿＿＿＿＿＿＿
　　　　　電話番号 ＿＿＿＿＿＿＿＿＿

相続特集　もらえるようになった寡婦年金

労災保険における遺族補償給付

特定社会保険労務士　田上隆一

　労働者が業務上の事由により死亡した場合，労働者災害補償保険法（以下「労災法」）の規定により，死亡した労働者の遺族に対して，「遺族補償給付」が支給されます。

　この保険給付は業務上に限られず，通勤途上における労働者の死亡の場合にも遺族補償給付と同様の保険給付（遺族給付）を受けることができますが，本章では業務災害に基づく遺族補償給付について記述させていただきます。

1　遺族補償給付の種類

　遺族補償給付には，「遺族補償年金」および「遺族補償一時金」という，2種類の保険給付があります（労災法16条）。

　遺族補償給付は遺族補償年金が原則として支給され，遺族補償一時金は，遺族補償年金を受けることができる遺族（受給資格者）がいないときや，遺族補償年金を受給していた遺族（受給権者）が全ていなくなったときに，すでに支給された遺族補償年金の合計額が給付基礎日額の1,000日分に満たない場合に支給されます。

　給付基礎日額とは，労働基準法第12条に規定される平均賃金に相当する額で，保険給付の額の算定の基礎となるものであり，原則として，死亡の原因となった事故が発生した日の直前3カ月間にその労働者に対して支払われた賃金の総額を，その期間の総日数で割った1日あたりの賃金額のことをいいます。

　なお，遺族補償給付に関連する保険給付として，死亡した労働者の葬祭を行う者に対して支給される「葬祭料」がありますが，本章では葬祭料につき

ましても遺族補償給付の範囲として併せて記述しております。

2　遺族補償年金

(1) 遺族補償年金の受給資格者

　遺族補償年金の受給資格者は，労働者の配偶者，子，父母，孫，祖父母および兄弟姉妹であって，労働者の死亡の当時その収入によって生計を維持していた者です。

　ただし，妻（婚姻の届出をしていないが，事実上婚姻関係と同様の事情にあった者を含む）以外の者については，労働者の死亡の当時，以下に掲げる要件に該当している場合，受給資格者となることができます（労災法16条の2）。

1　夫（婚姻の届出をしていないが，事実上婚姻関係と同様な事情にあった者を含む），父母，祖父母……55歳以上であること。
2　子，孫……18歳に達する日以後の最初の3月31日までの間にあること。
3　兄弟姉妹……18歳に達する日以後の最初の3月31日までの間にあること，または55歳以上であること。
4　上記に該当しない夫，子，父母，孫，祖父母または兄弟姉妹……厚生労働省令で定める障害の状態にあること。

　4の「厚生労働省令で定める障害の状態」とは，身体に障害等級の第5級以上に該当する障害がある状態，または傷病が治らず身体の機能もしくは精神に，労働が高度の制限を受けるか，もしくは労働に高度の制限を加えることを必要とする程度以上の障害がある状態をいいます（労災法施行規則15条）。
　労働者の死亡の当時胎児であった子が出生したときは，将来に向かって，その子は労働者の死亡の当時その収入によって生計を維持していた子とみなされますので，胎児については生まれたときから受給資格を有することになります。
　さて，上記の要件に該当した場合，受給資格を有することになりますが，遺族補償年金は受給資格者全員が受給できるわけではなく，受給資格者の中

で最先順位にある者のみが受給することができます。

　遺族補償年金の受給資格者の順位は，①配偶者，②子，③父母，④孫，⑤祖父母，⑥兄弟姉妹の順序となり，同順位の受給権者が複数いる場合は，その全員が受給権者となります。

　なお，55歳以上60歳未満の夫，父母，祖父母，兄弟姉妹については，受給権者となっても60歳になるまでの間は遺族補償年金の支給が停止されます（昭40労災法附則43条）。

（2）遺族補償年金の額

　遺族補償年金の額は，受給権者および受給権者と生計を同じくしている受給資格者の人数によって，以下の金額となります（労災法16条の3第1項，別表第1）。

　　1人……給付基礎日額の153日分（55歳以上の妻または厚生労働省令で定
　　　　　める障害の状態にある妻は給付基礎日額の175日分）
　　2人……給付基礎日額の201日分
　　3人……給付基礎日額の223日分
　　4人以上……給付基礎日額の245日分

　受給権者が二人以上いる場合，遺族補償年金の額は，上記の額を受給権者の人数で割った額が各受給権者の受給額となります。

　また，遺族補償年金の額の算定の基礎となる遺族の数に増減を生じたときは，その増減を生じた月の翌月から遺族補償年金の額を改定します。

　受給権者が妻であり，かつ，妻と生計を同じくしている受給資格者がいない場合において，妻が55歳に達したとき，または厚生労働省令で定める障害の状態になったときには，その翌月から遺族補償年金の額が，給付基礎日額の153日分から175日分に増額され，厚生労働省令で定める障害の状態にある55歳未満の妻がその障害の状態がなくなった場合には，その翌月から遺族補償年金の額が，給付基礎日額の175日分から153日分に減額されます。

（3）遺族補償年金の受給権の消滅

遺族補償年金の受給権は，受給権者が次のいずれかに該当した場合は消滅し，同順位者がいるときは同順位者に，同順位者がいないときは次順位者に受給権が移ります。受給資格者が該当するに至った場合も，その者の受給資格は消滅します（労災法16条の4）。

1. 死亡したとき。
2. 婚姻（届出をしていないが，事実上婚姻関係と同様の事情にある場合を含む）をしたとき。
3. 直系血族または直系姻族以外の者の養子（事実上養子縁組関係の者を含む）となったとき。
4. 離縁によって死亡した労働者との親族関係が終了したとき。
5. 子，孫，兄弟姉妹については，18歳に達した日以後の最初の3月31日が終了したとき。
6. 厚生労働省令で定める障害の状態にある夫，子，父母，孫，祖父母，兄弟姉妹については，その事情がなくなったとき。

（4）遺族補償年金の支給停止

遺族補償年金の受給権者の所在が1年以上明らかでない場合，遺族補償年金は，同順位者がいるときは同順位者の，同順位者がいないときは次順位者の申請によって，その所在が明らかでない間，支給が停止されます。遺族補償年金の支給を停止された遺族は，いつでも，支給停止の解除の申請をすることができます（労災法16条の5）。

3 遺族補償年金前払一時金

遺族補償年金は，各支払期月毎に年金として支給することを原則としますが，就業前の子供を残して労働者が死亡した場合などは，家庭の生活資金がある程度必要になることも想定されます。

「遺族補償年金前払一時金」はこれらの遺族を救済するために，給付基礎日額の1,000日分を上限とする一時金として支給されます（労災法附則60条）。

（1）遺族補償年金前払一時金の額

遺族補償年金前払一時金の額は，給付基礎日額の200日分，400日分，600日分，800日分，1,000日分に相当する額のうち受給権者が選択する額となります（労災法施行規則附則31項）。

遺族補償年金前払一時金の支給を受けたときは，各月に支給されるべき額の合計額が，遺族補償年金前払一時金の額に達するまでの間，遺族補償年金の支給が停止されます（法附則60条3項）。

なお，遺族補償年金は，55歳以上60歳未満の夫，父母，祖父母，兄弟姉妹については，60歳に達するまで支給が停止されますが，遺族補償年金前払一時金は，その者からの請求があれば支給されます。この場合，60歳から支給されるべき遺族補償年金は，すでに支払われた遺族補償年金前払一時金相当額に達するまでの間，支給が停止されます（昭40労災法附則43条）。

（2）遺族補償年金前払一時金の請求方法

遺族補償年金前払一時金の請求は，遺族補償年金の請求と同時に行わなければなりません。ただし，遺族補償年金の支給決定の通知があった日の翌日から起算して1年を経過する日までの間は，当該遺族補償年金を請求した後においても遺族補償年金前払一時金を請求することができます。また，遺族補償年金前払一時金の請求は，同一の事由に関し1回に限り行うことができます（労災法施行規則附則33項）。

（3）遺族補償年金の支給停止

遺族補償年金前払一時金が支給される場合，遺族補償年金は各月に支給されるべき額（遺族補償年金前払一時金が支給されてから1年経過後の分については，年5分の単利で割引いた額）の合計額が，遺族補償年金前払一時金の額に達するまでの間，支給が停止されます（労災法附則60条）。

④ 遺族補償一時金

（1）遺族補償一時金の支給要件

遺族補償一時金は，次の場合に支給されます（労災法16条の6）。

1　労働者の死亡の当時，遺族補償年金の受給資格者がいない場合
2　遺族補償年金の受給権者の受給権が消滅した場合において，ほかに遺族補償年金の受給資格者がなく，かつ，当該労働者の死亡に関し支給された遺族補償年金および遺族補償年金前払一時金の合計額が給付基礎日額の1,000日分に満たない場合

（2）遺族補償一時金の受給資格者

遺族補償一時金の受給資格者は，以下のとおりです（労災法16条の7）。

1　配偶者
2　労働者の死亡の当時その収入によって生計を維持していた子，父母，孫，祖父母
3　2に該当しない子，父母，孫，祖父母
4　兄弟姉妹

遺族補一時金の受給資格者の順位は，①配偶者，②子，③父母，④孫，⑤祖父母，⑥兄弟姉妹の順序となり，これらの者のうち，最先順位者が遺族補償一時金の受給権者となります。
　子，父母，孫，祖父母については労働者の死亡当時の生計維持要件により受給資格の順位が変わりますが，兄弟姉妹については，生計維持の有無にかかわらず，最後順位となります。

（3）遺族補償一時金の額

遺族補償一時金の支給額は，原則として，給付基礎日額の1,000日分となりますが，遺族補償年金の受給権が消滅したために遺族補償一時金を支給する場合は，給付基礎日額の1,000日分からすでに支給された遺族補償年金および遺族補償年金前払一時金の合計額を控除した額が支給されます。
　受給権者が二人以上いる場合，遺族補償一時金の額は，遺族補償年金の場合と同様に，上記の額を受給権者の人数で割った額が各受給権者の受給額となります（労災法16条の8，別表第2）。

5 葬祭料

　葬祭料は，死亡した労働者の葬祭を行う者に対して支給されます。
　「葬祭を行う者」は通常は遺族となりますが，遺族補償給付と違い，受給資格や受給順位がありませんので，遺族がいないため労働者が勤務していた会社（事業主）や友人などが葬祭を行った場合は，その者に対して葬祭料が支給されます。
　葬祭料は以下のうち，いずれか高い方の額が支給されます（労災法17条，労災法施行規則17条）。

　1　315,000円に給付基礎日額の30日分を加えた額
　2　給付基礎日額の60日分

6 未支給の保険給付

　保険給付を受ける権利を有する者が死亡した場合において，その死亡した者に支給すべき保険給付で，まだ支給されていないものがあるときは，その者の配偶者（婚姻の届出をしていないが，事実上婚姻関係と同様の事情にあった者を含む），子，父母，孫，祖父母，兄弟姉妹であって，その者の死亡の当時その者と生計を同じくしていたもの（遺族補償年金については遺族補償年金の受給資格者）は，自己の名で，その未支給の保険給付の支給を請求することができます。
　この場合，死亡した者が死亡前にその保険給付を請求していなかったときは，遺族は自己の名で，その保険給付を請求することができます（労災法11条）。

（1）請求権者の範囲

　未支給の保険給付の請求権者は，遺族補償年金の場合と，それ以外の保険給付の場合では異なり，以下のようになります。

　1　遺族補償年金……死亡した労働者の遺族（遺族補償年金の受給資格者）

2　遺族補償年金以外の保険給付……死亡した受給権者の遺族

　未支給の保険給付の請求権者の順位は，遺族補償年金の場合は遺族補償年金の受給資格者の順位と同じであり，死亡した受給権者と同順位の者がいるときは同順位者が，同順位者がいないときは次順位者が受給権者となります。遺族補償年金以外の保険給付の場合は，死亡した受給権者と生計を同じくしていた，①配偶者，②子，③父母，④孫，⑤祖父母，⑥兄弟姉妹の順序となります。

　保険給付の受給権者が亡くなった場合，その亡くなった者の遺族が未支給の保険給付を請求するのが原則ですが，遺族補償年金の場合，受給権者の資格が消滅した場合に次順位者へ受給権が移るため，このような扱いになっています。

　なお，未支給の保険給付を受けるべき同順位者が二人以上いる場合，その一人がした請求は，全員のためその全額につきしたものとみなされ，その一人に対してした支給は，全員に対してしたものとみなされます。

7　受給資格の欠格

　以下に該当する遺族は受給資格者から除外されます（労災法16条の9）。

1　労働者を故意に死亡させた場合……遺族補償給付の受給資格者としない。
2　労働者の死亡前に，労働者の死亡によって遺族補償年金を受けることができる先順位または同順位の受給資格者を故意に死亡させた場合……遺族補償年金の受給資格者としない。
3　遺族補償年金の受給資格者を故意に死亡させた場合，または労働者の死亡前に，労働者の死亡によって遺族補償年金の受給資格者となる者を故意に死亡させた場合……遺族補償一時金の受給資格者としない。
4　遺族補償年金の受給資格者が，受給資格のある先順位または同順位のほかの遺族を故意に死亡させた場合……遺族補償年金の受給資格者でなくなり，その者が遺族補償年金の受給権者である場合，その権利は

消滅する。

8　遺族補償給付の時効

　遺族補償年金および遺族補償一時金を受ける権利は，労働者が死亡した日の翌日から起算して5年を経過したとき，遺族補償年金前払一時金および葬祭料を受ける権利は，労働者が死亡した日の翌日から起算して2年を経過したときは，時効によって消滅します。

　なお，これらは保険給付の支給決定権（基本権）についての時効であり，支給決定が行われた保険給付の支払請求権（支分権）は，会計法の規定により5年で時効消滅します（労災法42条，労災法附則60条，会計法30条）。

COLUMN 3

震災時の労災認定について

特定社会保険労務士　田上隆一

東日本大震災による被災状況などの特性を踏まえ，厚生労働省より労災保険における業務災害および通勤災害の考え方に関する通達が出されました（基労管発0324第1号，基労補発0324第2号）。

【業務災害】

業務遂行中に，地震や津波により建物が倒壊したことなどが原因で被災した場合にあっては，作業方法や作業環境，事業場施設の状況などの危険環境下の業務に伴う危険が現実化したものとして業務災害として差し支えない。

【通勤災害】

業務災害と同様，通勤途上で津波や建物の倒壊等により被災した場合にあっては，通勤に伴う危険が現実化したものとして通勤災害として差し支えない。

労災保険において業務災害として認定されるためには，業務の遂行中に被災したものであるとする「業務遂行性」と，傷病等が業務に起因したものであるとする「業務起因性」という二つの要件を満たす必要があります。

地震の当日，通常の勤務中に被災したのであれば業務遂行性はクリアできますが，地震などの天災事変により被災した場合，業務により負傷したものではない（業務起因性がない）ため，業務災害と認められないこともあります。

しかし，今回の大震災のように規模が大きい災害の場合は厚生労働省から出された通達（基労補0311第9号）により，「天災事変による災害については業務起因性等がないとの予断をもって処理することのないよう特に留意すること」とされており，被害の大きさから従来の基準よりも緩やかに労災認定されるようになっています。

以上を踏まえて，震災時の労災認定については，原則として単に地震で被災したというだけでは業務起因性が認められないが，規模の大きな地震が起こり，かつ，一定の危険な状況下にある状態で被災した場合には業務起因性が認められるということになります。

死亡退職金の受取人

特定社会保険労務士 **安藤政明**

万一労働者が在職中に死亡したとき，死亡退職金が支給されることがある。この場合，その死亡退職金の受取人は誰なのか，また，受給した退職金は相続財産となるのか等の問題が生じる。

本稿は，万一労働者が死亡した場合の退職金について検討する。

1 退職金の基本事項

退職金とは，原則として各事業所が定めた就業規則の規定に従って，労働契約の終了にともなって，支給要件を満たした者に対して支給される金銭をいう。支給形態として，退職一時金，退職年金又は両者の併用等がある。

退職金は，労働基準法上「賃金」に当たる。

労働基準法第11条
　この法律で賃金とは，賃金，給料，手当，賞与その他名称の如何を問わず，労働の対償として使用者が労働者に支払うすべてのものをいう。

労働基準法第24条第1項　抄
　賃金は，通貨で，直接労働者に，その全額を支払わなければならない。

【参考判例】伊予相互金融事件（最高裁昭和43.5.28判決）
　退職金は労基法11条にいう労働の対償としての賃金に該当〔以下略〕

具体的な退職金制度の内容は，各事業所が定めた就業規則によって大きく異なる。そもそも，法律上は退職金の支給義務はない。労働基準法89条3の2号も，「退職手当の定めをする場合においては」就業規則に定めなければな

らないとしている。従って，退職金を支給したくなければ，最初から退職金制度（退職金規程）を定めなければよいのである。いったん退職金制度を制定すれば，その内容に従って支給する義務を負うことになる。さらに，退職金制度を労働者にとって不利益となる変更をする場合には，原則として労働者の合意が必要となるが，当然ながら喜んで合意する労働者の存在はまず考えにくい。

退職金規程は就業規則の一部である。労働契約法は，次の通り規定しており，就業規則の規定は労働契約の内容なのである。

労働契約法第7条　抄
　労働者及び使用者が労働契約を締結する場合において，使用者が合理的な労働条件が定められている就業規則を労働者に周知させていた場合には，労働契約の内容は，その就業規則で定める労働条件によるものとする。
労働契約法第8条
　労働者及び使用者は，その合意により，労働契約の内容である労働条件を変更することができる。

退職金は，一般に勤続年数が長いほど退職金額が高額となるように制度設計されている。すなわち，長期間にわたって賃金の一部を積み立てて後払いしていると考えることも可能となる。そのため，退職金には，「賃金後払的性格」があるとされている。

他方，在籍期間における貢献度などがより大きいほど退職金額は高額となることが多い。そのため，退職金には，「功労報償的性格」があるとされている。

懲戒解雇のときは退職金を不支給とする旨を規定する例が多い。しかし，裁判例では，懲戒解雇であっても必ずしも不支給とすることが認められるわけではない。賃金後払的性格及び功労報償的性格が考慮され，全部又は一部を支給するよう命じることがある。全額不支給となるのは，原則として，個別の懲戒解雇事由が，在籍中の功のすべてを抹消されてもやむを得ないと考えられるときである。

② 生存退職金と死亡退職金

既述の通り，退職金制度を設けるかどうかは事業所の自由である。設ける場合，その制度内容をどうするかも事業所の自由である。従って，退職金の受取人を誰にするかも，事業所が自由に決められるはずである。

しかし，労働者が退職したときに，その労働者本人でないほかの者に退職金を支給することは違法である。退職金は賃金であるから，原則として直接労働者に，通貨で，全額を支払わなければならないと規定されているからである（労働基準法24条1項）。

退職金は，本人にしか支払えないということは問題ない。しかし，退職金が「退職」に際して支払われるものであれば，死亡退職，すなわち労働者本人が死亡したときはどうしたらよいだろうか。

※以下，死亡退職にともなう退職金を，「死亡退職金」という。

③ 法定相続

一般原則は，民法の規定による法定相続である。死亡退職金についても，民法の原則が適用される。まずは，民法の原則による法定相続人ついて確認する（民法887条，889条，890条）。

第1順位　子
第2順位　孫（孫がないときは曾孫…）
第3順位　父母
第4順位　祖父母（祖父母がないときは曾祖父母…）
第5順位　兄弟姉妹
※配偶者（事実婚を含まない）は，常に相続人となり，ほかに相続人があるときは，その者と同順位

法定相続人は，①子，②直系尊属，③兄弟姉妹となり，配偶者は常に相続人となる。

仮に配偶者と子二人を有する労働者に死亡退職金が支払われるときは，配

偶者と子二人の計三人がその受取人となることになる。全員が「同順位」である。事業所は，誰に死亡退職金を支払えばよいのだろうか。民法は，次のように規定している。

◆参考条文
　民法第898条
　　相続人が数人あるときは，相続財産は，その共有に属する。
　民法899条
　　各共同相続人は，その相続分に応じて被相続人の権利義務を継承する。

　事業所が，一相続人に対して死亡退職金を支給した場合，その後，ほかの相続人から死亡退職金の支払請求を受ける可能性も考えられる。法定相続分なら，配偶者に50％，子に各25％であるが，全員と連絡がとれない可能性も考えられる。
　相続人全員の遺産分割協議が確定した後に，その協議内容に従って支払うのであれば問題とはならない。しかし，遺産分割協議が確定するまでに相当期間経過する可能性も考えられる。また，遺産分割協議もないまま遺産分割してしまうことも考えられる。
　事業所としては，可能であれば，少なくとも法定相続人全員が死亡退職金の受け取りに関して合意事項を記載した書面の提出を求めたいところである。書面の例として，「○○○○死亡退職にともなう退職金を，△△△△が代表して受領することに合意します」などが考えられる。もちろん，法定相続人全員が記名押印している必要がある。また，書面偽造などを防ぐため，できれば印鑑証明書の添付も求めたい。相続人側の立場で考えれば，死亡退職金を受け取るための手続と思えば，すんなりと提出する可能性が極めて高いとみていいだろう。

④ 就業規則との関係

　ここで考えたいのが，就業規則との関係である。
　そもそも，法律上は支払う義務がない退職金について，退職金規程を設け

ることによって支払義務が生じたものである。死亡退職金について，その受取人を退職金規程で定めることができない理由がない。行政通達は，次の通り示している。

行政通達（昭和25.7.7基収1786号）
　労働者が死亡したときの退職金の支払について別段の定めがない場合には民法の一般原則による遺産相続人に支払う趣旨と解されるが，労働協約，就業規則等において民法の遺産相続の順位によらず，施行規則第42条，第43条の順位による旨定めても違法ではない。従ってこの順位によって支払った場合はその支払は有効である。
　同順位の相続人が数人いる場合についてもその支払について別段の定めがあればこの定めにより，別段の定めがない時は共同分割による趣旨と解される。

以上から，死亡退職金の受取人について，退職金規程に特段の定めがなければ原則として民法の規定によることとなるが，退職金規程に定めがあれば，原則としてその定めに従う（参考判例「日本貿易振興会事件」本書129頁参照）。

5　退職金規程による遺族補償給付受給権者規定の準用

退職金規程で死亡退職金の受取人が指定されているケースのほとんどが，「労働基準法施行規則第42条から第45条の規定による」としているのが実態である。労働基準法施行規則（以下，「施行規則」）42条から45条は，労働災害における遺族補償給付の受給権者に関する規定で，その順位は次の通りである。

　第1順位　配偶者（事実婚を含む）
　第2順位　子（労働者死亡当時その収入で生計維持又は生計同一）
　第3順位　養父母（同上）
　第4順位　父母（同上）
　第5順位　孫（同上）

第6順位　祖父母（同上）
第7順位　子（労働者死亡当時その収入で生計維持せず，かつ，生計非同一）
第8順位　父母（同上）
第9順位　孫（同上）
第10順位　祖父母（同上）
第11順位　兄弟姉妹（労働者死亡当時その収入で生計維持又は生計同一）
第12順位　兄弟姉妹（労働者死亡当時その収入で生計維持せず，かつ，生計非同一）

※第7順位以下の場合，遺言又は使用者に対してした予告で第7順位以下の特定の者が指定されたときは，その指定した者。
※同順位の者が2人以上あるときは，等分する。
※受取人が死亡していたときは，権利消滅（代襲しない）。

　施行規則42条から45条の規定は，民法の原則と大きく異なる。①配偶者は，事実婚を含むこと，②配偶者が唯一第1順位であること（配偶者と子がいる場合，配偶者のみが受給権者），③養父母と父母（いずれも労働者が死亡当時その収入で扶養していた場合）の順位が異なること，④嫡出子と非嫡出子，全血兄弟と半血兄弟が全く平等に取り扱われること，⑤配偶者を除き，死亡当時被扶養者であったかどうかで順位が変動すること，⑥受給権者がすでに死亡していたときは代襲せず，最初から存在しなかったものと取り扱うこと，⑦遺留分がないことなどである。次の二つのケースで，その違いを確認する。

【ケース1】配偶者と別居し，子も別居中の配偶者に扶養されている状況で，事実婚の配偶者がいる場合
　→　施行規則は事実婚の配偶者，民法は別居中の配偶者と子。
【ケース2】子が独立後，配偶者に先立たれ，母親を扶養している場合
　→　施行規則は母親，民法は子。

　施行規則42条から45条が，労働災害の遺族補償に関する規定であることに着目したい。そもそも労働者は，通常賃金を生活のための基本収入としてお

り，その扶養する家族も労働者本人の賃金で生活していることが一般的である。不幸にも労働災害によって労働者が死亡した場合，遺族の中で誰が困るかといえば，死亡当時労働者に扶養されていた者である。従って，労働災害の遺族補償制度は，被扶養者の生活保障を強く念頭においた規定となっているのである。また，事実婚を認めるなど，合理的といえるだろう。もちろん，各個人ごとに実情は千差万別である。すべての労働者にとって都合がよいとは限らない。しかし，退職金規程は，全労働者について統一的に処理する必要がある。死亡退職金の受取人について規定するときは，少なくとも民法の原則ではなく，施行規則の順位を採用するべきであろう。

6　受取人規定の工夫

　死亡退職金受取人について，施行規則を準用せずに細かく規定している事業所はあまり存在しない。しかし，規定することは可能である。

　最も簡単な方法として，施行規則をベースとして微調整する方法が考えられる。例えば，子については生計同一要件を削除して常に配偶者の次の第2順位とすることや，父母と孫の順位を入れ替えることも考えられる。

　滅多にない話かもしれないが，親族が誰も存在しないケースも考えられる。この場合，原則として死亡退職金は相続人不存在の相続財産となり，債権者があるときはこれを分配し，残余があるときは国庫に帰属する。それなら，退職金規程では，施行規則が定める範囲の遺族が存在しないときは，死亡退職金は支給しない旨を定めることも検討可能だろう。

　ところで，受取人不存在の場合，全く関係のない第三者を受取人とする規定は可能だろうか。民法は公序良俗違反や権利濫用を認めないが，事業所の業務内容，社会的立場などに応じ，例えば障害者施設や児童擁護施設などに支払う等の定めであれば，裁判例はみあたらないが，認められる余地はあると考える。

　逆に，死亡退職金受取人が多数存在する場合は，事務的に煩雑となる可能性も考えられる。この対策として，1名に支給することですべての義務を免れ，その後の分割等については受取人の間での協議に委ねる旨規定することも検討したい。この場合，実際に受け取る1名には，事業所が全責任を免れ

ることを記載した確認書に署名することを条件に死亡退職金を支給する旨規定することも検討したい。

7 遺言による受取人指定

　施行規則43条2項は，①配偶者，②労働者死亡当時その収入によって生計維持又は生計同一であった遺族のいずれも存在しないときの受取人について，労働者の遺言又は事業所への予告による受取人指定があったときは，その指定を優先する旨定めている（ただし，子，父母，孫，祖父母，兄弟姉妹に限る）。

　言い換えると，①②のいずれかに該当する者があれば，遺言や予告があってもこれを認めないということでもある。そこで，退職金規程で，①②の場合であっても遺言又は予告による受取人指定があったときは，これを優先する旨を定めることも検討可能である。

　注意したい事項は，通常遺族と考えられる範囲でない者が遺言又は予告による受取人として指定されたときの取扱いである。例えば，同居する被扶養配偶者を有する者が，死亡退職金の受取人として愛人を指定することも考えられる。また，受取人に問題がなくとも，例えば10人以上など多くの遺族に等分に支払うことを指定することも考えられる。事業所としては，このような争いに巻き込まれる可能性や，事務的に複雑な対応を強いられる可能性を抑えたいことはいうまでもない。

　そこで，遺言や予告による受取人指定を認める場合は，その受取人の範囲を明確にし，複数指定の場合の上限人数（例えば二人等）を定めることも検討したいところである。

　退職金規程で遺言の取扱いについて定めがない場合で，規程による死亡退職金受取人と遺言によって指定された者が異なる場合はどうなるだろうか。判例は，次の通り退職金規程の定めを適用することと判断している。

◆参考判例：日本貿易振興会事件（最高裁昭和55.11.27判決）
　「右規程によると，死亡退職金の支給を受ける者の第一順位は内縁の配偶者を含む配偶者であって，配偶者があるときは子は全く支給を受けない

こと，〔中略〕…など，受給権者の範囲及び順位につき民法の規定にする相続人の順位決定の原則とは著しく異なった定め方がされているというのであり，これによってみれば，右規程は，専ら職員の収入に依拠していた遺族の生活保障を目的とし，民法とは別の立場で受給権者を定めたもので，受給権者たる遺族は，相続人としてではなく，右規程の定めにより直接これを自己固有の権利として取得するものと解するのが相当であり，そうすると，右死亡退職金の受給権は相続財産に属さず，受給権者である遺族が存在しない場合に相続財産としてほかの相続人による相続の対象となるものではないというべきである。

8 死亡退職金と相続税

死亡退職金は，最高裁判例によると，相続財産にあたらない。しかし，相続税法上は「みなし相続財産」として，通常の相続財産と区別されつつも，相続財産とみなされる（相続税法3条1項2号）。

みなし相続財産としての死亡退職金の取扱いの特徴は，その全額が課税対象の相続財産とならず，非課税財産となる範囲が定められていることである（相続税法12条）。

> 死亡退職金の非課税限度額　　法定相続人数×500万円

非課税限度額の計算は，実際に死亡退職金を受給した人数ではなく，法定相続人の人数である。死亡退職金は配偶者一人が受給したとしても，子が二人いれば法定相続人数は三人であり，非課税限度額は1,500万円となる。この場合，死亡退職金が1,500万円以下なら完全に非課税となり，1,500万円を超過したとしても，その超過部分だけがほかの相続財産と合算されることになる。

※平成23年税制改正大綱によると，法定相続人数について，未成年者，障害者でない者については，死亡当時生計同一を要件とすることに改定される可能性有り。

COLUMN 4

無形財産の相続

特定社会保険労務士　安藤政明

　親から子へ，子から孫へ。

　太古の昔から，こうやって先人の有形無形の財産が引き継がれてきた。有形無形を問わず，先人のおかげで今日があることについては疑いがない。先人から引き継がれたものを少しでもより良いものにして，次の世代に引き渡すことが現代に生きる我々の最大の任務である。

　本書は「相続」を特集テーマとする書籍だが，主として「有形財産」の引継ぎに関する内容である。

　無形財産とは何か。

　無形文化財等に指定されているものや，各家庭における生活の知恵などさまざまなものがあり，一言ではまとめられない。

　視点を変え，次の世代に引き継ぎたいもの，又は引き継がせるべきもの，という角度から考えると，①正義感や思いやりの心などの道徳心，②古くから大切にされてきた伝統，③他人に迷惑をかけない公の心や自立心などが考えられる。これら無形財産が，正しく次の世代に伝わっているだろうか。

　相続で大切なことは，お金や不動産などではなく，心や伝統を伝えられたかどうかということである。すなわち，被相続人が死亡したときから始まる相続がお金や不動産であるが，被相続人が生存中の相続の方がはるかに重要なのである。

　戦後60年以上経過し，日本人はかつての日本人と違う人種になったかのように感じる。余裕がなく，損得勘定を優先し，目先のことばかりで将来のことを考えない。公の心を失い，私利私欲に走り，そのことが間違っていることすらわからない。もちろんこのような者ばかりでないことが救いではあるが，どんどん減ってきているように感じる。

　このような負の無形財産ではなく，日本人として大切にすべき貴重な無形財産も，まだまだたくさんある。これらの貴重な無形財産が，正しく引き継がれていくことを切に望む。

専門・一般

測量・登記の注意事項

土地家屋調査士　**福田憲太郎**

相続財産が不動産である場合の注意点・基本知識を解説します。

1　土　地

(1) 登記制度
①登記簿の見方

不動産には登記という制度があります。これは人でいう戸籍に近い制度です。土地の登記簿謄本（現在は登記事項証明書）の表題部には「所在」、「地番」、「地目」、「地積」等の記載があります。登記制度はその土地の最後に扱われたデータをもとに作成されています。

ここでいう最後とは分筆、地積更正、国土調査など、その土地が最後に形成されたことを指します。ですので、土地が一度も表示に関する登記などで扱われていない場合、明治時代頃の測量をもってされた面積が記載されていることになり、測量精度が非常に劣る土地ということになります。

実際の資料としては、法務局に登記事項証明書（登記簿謄本）、字図、地積測量図などが備え付けられています。

市町村の官公署では、国土調査の図面、位置を記す座標値、道路等境界確認協議の事蹟などがあります。

②土地境界の測量の歴史

一般に土地の境界を知る方法は先ほどの通り、法務局の資料・役所の資料・測量の結果などを参考にして行うのですが、測量は費用も時間もかかり簡易的に終えることはできません。なぜ、そこまでして測量をしないといけ

ないのかを考えます。

　土地は古くは太閤検地，地租改正，もしくは古い時代の区画整理，耕地整理など土地それぞれに歴史があり，現在の登記事項証明書ではなく土地台帳制度時代の台帳をみれば地券制度からの変遷が記載されています。当時も現在の通り，土地を分けて譲渡がされていたり（分筆），相続後，旧法の家督相続が行われていたりと，一つひとつの土地ごとに歴史があります。

　土地に歴史があるとすれば，境界が形成された歴史もあるということで，昔の馬車道，農業用水路など地形においても現在に残っている所があちこちで見受けられます。

　それでは，境界の歴史について考えます。境界は現在ではわかりやすいところで，ブロック塀，コンクリート擁壁など人為的に築造されたものがあります。

　ブロック塀で仕切られていない時代の住宅地では貝塚伊吹などの木を植樹してそれを境界としていました。また別の例として，その地域では，自然に生えない木を植えて境界とすることもあります。

　農地では現在でも畦で区切っているところがほとんどです。

　先人の知恵ですね。しかし境界をここまでして守るのは土地に対して如何に愛着がある，もしくは執着があるということがわかります。他人に侵害されたくない思いだと考えます。

　昔，土地は高価なものでなかったのですが，その昔でも境界の争いが起こりうるということが境界の保存状況からもわかります。

　その大事な境界を復元して現地に起こすのは簡単なものではないため，一般の人同士で境界を決めることができるわけがないのです。

　そこで，境界の測量を土地家屋調査士に依頼する流れになるわけです。

③土地の特定

　土地自体の面積が特定されていない，境界がわからないなど土地の特定が困難な場合があります。この場合の面積とは，現在の技術で測量されていないということです。

　法務局に行けば，地積測量図や字図がありますが，古い測量や昔の分筆残地は精度も決して高くなく，相続財産の完全な特定にはなりません。実際に

測量したら面積が何坪増えた，または減ったということも稀にある話ではなく，どちらかというと頻繁にあります。そうなってしまいますと相続人に分ける財産としては対価が不安定になってしまうため，相続財産としては不適格で，現在ある登記事項証明書にある面積はあてにならないものと考えなければなりません。

　土地の位置，形状をはっきりするためには，測量，境界確認，登記をセットで行うことが基本です。

　登記事項証明書に記載されている情報のうち，原因及び日付欄部分がとても重要で，昭和○○年分筆と書いてありますが，この当時の測量は時代背景でもわかる通り，測量技術レベルが決して高くなく，今の測量器械で測量すると，必ずと言っていいほど面積が違います。登記簿を読むという作業だけで，本当に相続をするために必要な情報がわかります。

　結果，再測量による境界確認が必要になります。

（2）測量・分筆制度

①正確性

　手続の改正前においては，1筆の土地を2筆に分筆する場合は，1筆は地積測量図に計算された面積があり，もう1筆は先の土地の面積を引いた残りになっています（140頁，地積測量図サンプル参照）。この残りの土地のことを分筆による残地と言います。

　結局，元々の1筆の土地の面積誤差が，残りの土地に集約してしまうことになります。

　大きな土地に大きな面積誤差がある時は，どんどん1筆の土地に負担がきていることになってしまいます。

　例えば，登記記載面積が1000㎡ある土地を分筆し150㎡ずつ分譲したとします。6回分筆したとして，

　　6筆×150㎡ = 900㎡

通常であれば，

1000㎡ − 900㎡ = 100㎡

となりますが，実際に測量すると200㎡残っていたり，逆に50㎡であることもあります。

詳しく説明しますと，実際の面積は1100㎡であるにもかかわらず，登記簿上の面積は1000㎡である場合に，この1000㎡の面積は明治時代の地租改正によるものであり，当然測量技術も明治時代のものであるため，誤差も大いに含まれると言えます。そのような古い測量技術によって行われた登記をさらに残地扱いで測量をしてしまったことにより起こり得てしまったということになります。

再度述べますが，登記はデータ化して，実際はそういった古いものをいまだに使用しているのが，現在の登記制度です。

個人の土地の測量は所有者がしますが，売買による境界明示や境界紛争などが起こらない限り測量はしません。そこで相続の対象物件で土地があると登記簿に記載されている内容だけでなく，図面などの調査もしないと実際の価値以上，またはそれ以下となってしまう場合があります。

特に分筆による残地の土地は近年の測量を行っていないと相続対象物件としての資産価値がはっきりしていないということです。

②相続による土地の分筆の場合（土地を分割して，それぞれ相続する場合）

土地を分筆するのは通常，宅地分譲地をつくる場合や，農地の一部に家を建てる場合などの場合ですが，相続の時もそういった話があります。

例えば100坪の土地を相続人二人に譲渡する場合は，簡単に分けるとしたら50坪ずつですが，実際はこのようにいかないことがほとんどです。

土地には場所及び価値があり角地であれば，当然資産価値も高いですが，角地でない土地は角地よりも安くなります。よって100坪を二人で分けるとして実際は48坪と52坪になることもあります。境界確定測量後の面積を把握した後の業務になります。

ちなみに角地は建築基準法でも建ぺい率や容積率の緩和の場合があり，優遇されることもあります。

計算例　48坪×30万円　＝1,440万円
　　　　50坪×28.8万円＝1,440万円

上記のような結果になります。

③実際の土地境界確定測量，分筆登記の手順

Ⅰ．現地の仮測量，役所調査，法務局調査，近隣調査

　現地の仮測量とは，本来の境界を探す，又は調査するための基本の測量です。

　役所調査とは，不動産の所在の管理役所に行って境界協議の申請窓口の確認や，事蹟を調べることです。

　法務局調査とは，該当不動産の謄本，字図，地積測量図などの資料の有無を法務局で確認をすることです。

　近隣調査は，先ほどの法務局調査において近隣の土地所有者を調査し立会等の連絡などをするための基本調査をします。

Ⅱ．役所申請，協議，近隣立会協議

　役所の申請とは官公署の担当窓口へ境界協議の申請をすることです。

Ⅲ．実測図作成，隣地承諾

　実測図は隣地の土地所有者の立会協議が完了した後に作成します。実測図を添付した境界確認書に隣地の承諾として署名，捺印をいただきます。

Ⅳ．役所協議書提出，完成

　前段の承諾受領後に最終的な協議書を提出し，公印をいただく書類を提出し完了後に還付されます。これで完成です。

　実際の期間は概ね1カ月から2カ月になります。

　この後，対象物件の面積確定，相続に関連する分筆登記の申請，司法書士による相続登記です。

② 建物

　現在の建物の登記は一般住宅であると住宅ローンなどを使用し融資を受けている物件が多いので，登記もれ（未登記）はほとんどありませんが，昭和40年から平成にかけて新築された建物でよく未登記建物があります。

　この未登記建物があった場合の状況でよくあるのが固定資産税は課税されている，それで安心してしまう，しかし相続が実際に発生した時にいざ，法務局で登記事項証明書を取ろうとすると，登記がされていませんと言われるというパターンです。何故こういうことが起こるかと説明すると，昔はあまり住宅ローンが使われてなく（または住宅ローン制度がなく）現金や別の融資で建物を建築しているため登記をすることまで気がつかずにこれまで過ごしてしまったなどの要因が考えられます。固定資産課税台帳による面積はきちんと計測されてない場合もあり，正確な課税でないこともあり，やはり未登記では状況はよろしくないと考えられます。

　この時にする登記は「建物表題登記」です。建物を一部屋増築して，その増築部分が未登記や，附属建物（物置，車庫など）を新築した場合は「建物表題変更登記」を行います。

　上記２例でも相続時において登記するのと，相続発生前に登記するのとでは，発生前に登記をする方がスムーズである場合が多くあるため，未登記建物や附属建物，増築した時には，すぐに登記を依頼されることをおすすめします。上記２例等の表示に関する登記は，法律上義務がある登記とされており，本来は１カ月以内に行わなければならないとされています。

■登記事項証明書サンプル

表　題　部（土地の表示）	調製	平成　年　月　日	不動産番号	
地図番号		筆界特定	余白	
所　　在	福岡市○区○丁目		余白	
①地番	②地目	③地積　町反畝歩(坪)　㎡	原因及びその日付〔登記の日付〕	
100番	宅地	⑪　　　205:00	余白	
余白	余白	200:00	③錯誤 国土調査による成果 〔昭和　年　月　日〕	
余白	余白	97:90	③100番1,100番2に分筆 〔昭和　年　月　日〕	
余白	余白	余白		

　これは登記記録に記録されている事項の全部を証明した書面である。ただし，登記記録の乙区に記録されている事項はない。

平成23年4月5日
福岡法務局　　　　　　　　　登記官
＊下線のあるものは抹消事項であることを示す。　　　　　　整理番号 D24856（1／1）　1／1

■古い地積測量図サンプル

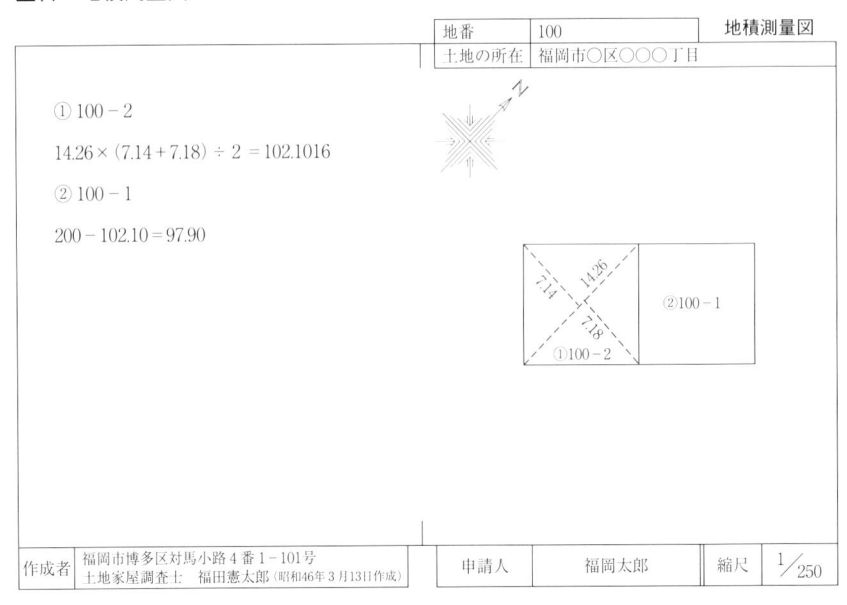

	地番	100	地積測量図
	土地の所在	福岡市○区○○○丁目	

① 100 － 2

14.26 × (7.14 + 7.18) ÷ 2 = 102.1016

② 100 － 1

200 － 102.10 = 97.90

②100 － 1
①100 － 2
14.26
7.14
7.18

| 作成者 | 福岡市博多区対馬小路4番1-101号
土地家屋調査士　福田憲太郎（昭和46年3月13日作成） | 申請人 | 福岡太郎 | 縮尺 | 1/250 |

小さな会社の労務管理
募集から退職まで

社会保険労務士 **大橋正郎**

　今，日本に会社（事業場）と呼ばれる組織がどれくらいあるかご存じでしょうか。総務省の統計によれば，法人，個人合わせて6,044,549社とあります（平成21年経済センサス基礎調査，事業場に関する集計より）。では，労働紛争，いわゆる会社と従業員にまつわるトラブルはどれくらいあるのでしょうか。「採用，賃金，労働時間，不利益変更，転勤などの配置転換，退職，解雇」など労働に付随する問題に端を発した総合労働相談件数は，厚生労働省の統計によると一年間に1,000,000件を超えています（「平成20年度個別労働関係紛争の解決の促進に関する法律施行状況」より）。単純に一年間を365日で割っても，一日あたり約2,700件強も労働紛争が起こっている計算になります。もちろん，都市部であれば雇用も密集する分，トラブルも平均を上回るのは言うまでもありません。

　そんな労使トラブル大国において，従業員が自分の立場を守り，また権利を主張するために味方となる法律は労働基準法を代表とするいわゆる「労働法」ということになります。労働者災害補償保険法や雇用保険法，育児介護休業法，労働契約法や男女雇用機会均等法など，ざっと考えても20法以上はあるでしょうか。それらの法律が手厚く労働者の立場を保護しているのが現状です。

　では逆に，会社の味方になってくれる法律はどのくらいあるでしょうか。この答には色々な解釈があると思いますが，社会保険労務士としてさまざまな労使トラブルに直面してきた私が思うのは「ゼロ」です。会社が従業員に対して解雇を行おうとすれば，そこには労働基準法という民法から飛び出した強力な特別法が会社の前に立ちはだかります。そして解雇の正当性や社会通念上妥当なのかなどさまざまな角度から異議を申し立ててきます。逆にどう

しても会社にとって必要な従業員が突然辞めると言い出した時にその行為に対し異議を申し立ててくれる法律は今の日本の法律ではほぼゼロです。民法によれば従業員は2週間の予告期間を設ければいつでも会社に対し労働契約を解除することができるとあります（ただし，有期労働契約については例外もあります）。また，賃金においても最低賃金法という法律によりその事業もしくは地域に応じた最低賃金を保障しなければなりません。人を雇うということ，それはそっくりそのまま二十余りの法律との戦いが始まるといっても過言ではないのです。

そこでこの章では，会社が人を雇い入れる際にどのようなことに注意し，どのような準備をしておけば良いのかという点を，一連の流れのなかで分かりやすく説明をしていきます。

① 募集において注意することは

人を雇い入れるのであれば，通常は求人誌やチラシなどで募集を行うことになりますが，すでにこの募集の時点で法律的な制約が出てくるのです。

①男女いずれかを指定した募集は違反です。

　【例】看護婦　×　　看護師　○

　　　ウエイトレス　×　　ウエイター　×　　ホールスタッフ　○

②年齢制限をもうけてはだめです。

　【例】20代の従業員を募集します　×

　　　　40代以上の主婦の方を募集します　×

※ただし，女性や高齢者その他特定の年齢層を指定する相当の理由がある場合には性別や年齢を指定した募集は認められます。

② 必ず社長がご自分で面接してください

よくあることですが，新入社員の面接を部下や配偶者である部長，専務に任せてしまう経営者がいます。「忙しいから」や「接待でどうしても外せないゴルフがある」，「銀行さんとの大事な折衝がある」と，聞けばもっともな理由ではあるのですが，文頭で述べたように人を雇い入れるということは，そ

のまま「労働者の強力な味方」である二十有余にもおよぶ法律との戦いが始まろうとしているのです。その戦いの相手を一目も見ずして入社させるのはあまりにも危険な行為であることは明白です。

面接をする際に気をつけることは,
①面接室への入退室の際,社会人として常識的な挨拶はできていますか？
②面接中の挙動に何か不審な点などありませんか？
③採用を前提とした際に,支障となりそうな癖や持病的なものを持っている気配はありませんか？
④お客様やお取引先を相手にきちんとした応対ができそうですか？
⑤こちらの目を見ないなど,視線に問題ありませんか？

など,第一印象がそのままお客さまに対する印象となります。また面接と合わせて簡単な入社テストを実施するのも,その従業員の常識レベルなどを試すことができ有効であるといえます。

■採用した場合に,不利益となることは事前に説明しておく

さあ,いよいよ面接に突入するのですが,ここで気をつけることは前段でも述べたとおり面接する相手の仕草や常識度をできるだけ見抜くことにあるのですが,もう一つ大事なことがあります。それは採用後,入社してくる従業員にとって少しでも不利益になることは先に伝えておくということです。

例えば,「うちは試用期間が6カ月はあるからね。その間に能力がなければ辞めてもらうことになっている。だからすべてが正社員と同一の扱いというわけではないんだよね。募集においては営業職ということで採用はしたけれども,入社後1年間は勉強のため,色々な各部署に配属してもらうことになるよ。あと,賞与に関しても,最初(夏季が多い)は寸志程度だから」などです。

以下,伝えておいたほうが良いと思われる不利益事項を挙げてみます。

①試用期間が2カ月間で,その間の勤務態度や能力によっては辞めてもらうことがある。
※ただし,いくら試用期間中であっても,解雇は厳しいものがあります。14日を超えて雇用した場合,解雇には「30日前の予告」もしくは「30日分の

平均賃金の支払い」が必要です。さらに，解雇には「合理的で，社会通念上相当であると認められる理由」が必要となり，一方的な「好き嫌い」や「勤務能力が低い」，「勤務態度が悪い」などは，原則認められません。
②試用期間中は，時給計算である。
③最初の一年間は「賞与」がない，もしくは「金一封・寸志」となること。
④残業や休日出勤の可能性があること。配置転換の可能性があること。
などなど，挙げればまだまだあるのですが，ページの都合上これくらいにしておきます。皆様の会社でこれ以外に思い浮かぶことがあればできるだけ先に伝えておくほうが後のトラブルを防ぐことにもなります。

■面接の際に聞いてはならない事項
　面接で色々なことを知りたいと思うのは誰でも一緒です。しかし，聞いて良いこと，悪いことをしっかりと把握しておくことは大事です。

①宗派・好きな政党・出身地など，直接業務に関係しない事柄は聞かない。
②独身であるか，再婚なのか，お付き合いしている異性はいるのか……など，直接業務に関わりがない限り極力聞かない。

　労働基準法第3条では「使用者は，労働者の国籍，信条又は社会的身分を理由として，賃金，労働時間その他の労働条件について，差別的取扱いをしてはならない」とあり，このことを理由として解雇することや賃金に差をつけることなどを固く禁止しています。採用に関してこの条文を適用されるかどうかとなると，判断が分かれるところではありますが，実務に直接関係のないことである以上，極力聞くべきでないでしょう。

③ 選考および採用にあたり必要書類の提出を必ず求める

　いよいよ本採用ということになるのですが，この時点ではまだ入社してくる社員の情報は履歴書と面接の結果表くらいのものです。これからいよいよ深く把握するためにあらゆる角度から調べる作業が始まるのです。多少面倒くさがられても，次に挙げる書類は必ず求めてください。

①履歴書（顔写真付き）
②住民票記載事項証明書

　現住所のみが記載されたものです。これにより交通費の額を決定したり履歴書に記載されている住所が相違ないかの確認を行うわけですが，その他に現住所と実際の通勤実態が違うなど発見できます。

　きちんと「自分の家」から通勤するのか，友人同士や恋人同士で同居している家から通勤するのかなど意外な事実をつかむきっかけになることがあります。

③既往歴などを併記した健康診断書（直近1カ月以内のもの）

　日々の業務を遂行する上で支障となるような「既往歴」などあれば，やはり採用を見送らなくてはいけないこともあります。本採用してから気づいても，なかなか「退職」という形に持っていくことは難しいものです。既往歴を事前に知ることによってさまざまなリスクを回避でき，また提出を義務付けておくことにより，万一その事実が後で発覚した際に「経歴詐称」として懲戒の対象にすることもできます。発覚が入社後14日以内であれば，予告することなく退職を促すこともできます。

④資格証明書（運転免許証や各種資格など）

　普通免許を持っているので，ちょっとそこまで用事を頼んだ。ところが途中「シートベルト違反」などで警察に捕まってしまう。調べた結果「免許取り消し者」であった。当然本人が悪いのですが，外出の指示を出した使用者も「使用者責任」を問われる可能性があります。免許証などの資格証明書はできる限り毎年コピーを提出させるなどしておくべきです。

④ 採用・管理——面倒と思わず細かな管理を徹底しましょう

　さて，いよいよここからが労使関係の本番です。採用までのトラブルは全てクリアしホッと胸をなでおろすころではありますが，従業員が背負ってきた「労働者の味方二十有余の法律」との戦いも本番を迎えるのです。そこで，次に挙げることを実施しましょう。

1　雇用契約書を必ず締結する（後のトラブルを回避するため）。

　賃金の額・賞与の有無・休日，休憩など労働者の方が最も気になる部分をはっきりと明記します。この際，賃金の内訳設定などにより，事前に「未払い残業」を防止することも可能です。

　また，法定の労働時間を少しでも超える可能性があれば「時間外・休日労働に関する協定書」を監督署に提出しておきます（通称，36協定書と呼ばれるもので，従業員に法定労働時間を超えて仕事をしてもらう可能性があれば事前に監督署に申請しておく，いわゆる「時間外労働免罪符」のようなものです）。

2　就業規則を必ず読んでおくことを伝える（雇用契約書を補完することになります）。

　この会社では，こういう場合は退職になる。こういう場合は始末書をとられる。こういう場合は解雇になる。そうならないためにこの会社の服務規律を守らなくてはいけない。そういう「労働基準法で裁くことのできない民事的な部分」を徹底して意識付けしておきます。

　※本人が読むか読まないかは使用者には責任はありません。いつでも就業規則を読める環境を作っておけば「周知」をしたことになります。

3　適正に「社会保険・雇用保険」の資格取得を行う。

　厚生年金・雇用保険など加入年月日如何によってはトラブルの原因になるものです。特に「雇用保険の資格」に関しては，加入月数が1カ月足りないために退職者が失業等給付をもらえないなどの「金銭賠償」に発展するトラブルとなる可能性があります（受給できるはずの失業等給付や教育訓練給付を受給できなかった場合に同等額を請求されるなど）。

4　出退勤管理（時間管理）は必ず行う。

　労働基準監督署からの立ち入り検査などがあった場合，真っ先に提出を求められるのが，タイムカード，そして賃金台帳です。タイムカードがない場合「従業員の時間管理の実態」について説明を求められます。特に「未払い残業」などによる監督官臨検の場合は，使用者として時間管理をしていない

以上，従業員の言われるがままの時間を証拠として採用されることになります。時間管理は「事業主に課せられた義務」です。

5　服務規律を細かく，しっかりと定める。
　日常に起こるちょっとした違反など，わざわざ呼んで注意するほどのことではないが度重なるとかなりのストレスになることは結構あります。例えば，
①始業時間ギリギリに出社し遅刻にはならないものの，就業開始後に細かな準備をこそこそとやり始めることがある
②携帯メールなどをたまに隠れてチェックしている時がある
③しかたない理由にしても，休みがちである
④愛想がなく，お客様への印象も良くない気がする
⑤結果的に問題はなかったが，社長や上司の指示を仰ぐことなく勝手に判断して業務を遂行することがある
⑥新人をなんとなく「いじめ」ている感じがする
⑦私語が目につく
⑧友人感覚の「なぁなぁ」な口調でしゃべられる
⑨若干ではあるが，匂いが気になる（香水，体臭など）
⑩出社，退社時の車の運転が結構荒い（通勤災害の恐れ）
など，若い方にありがちな「軽い服務違反」に対して，いつでも懲戒の対象にできるよう，就業規則において「服務規程に違反する行為である」ことをしっかり明示しておくことです。そして懲戒事由の部分で「服務規律に違反した場合は懲戒の対象となる」ことを明記しておきます。この記載なくして，このような行為を罰することは原則できません。社長ご自身が「会社内」でされては困ること，嫌なことは全部明示しておきましょう。

6　従業員の病気休業に対する対応を決めておく。
・休業中の被保険者負担分の「保険料」の徴収はどうするのか
・代替要員を募集するのか
・どれくらいの休業期間であれば，待ってあげられるのか（休んでいる間も保険料の会社負担はあります）。よく見かける例として「病気休業6カ月まで」などがありますが，そんなに待てる例はほぼありません。せいぜい

2,3カ月というところでしょう。そこを超えれば，人員募集の都合上「退職となる」など一定の基準を決めておきましょう。

7　再三の遅刻，無断欠勤などについての対応を決める。

　特に無断欠勤については「先輩の携帯に，休む旨のメールをしておきました。だから無断欠勤にはならないと思います」や「携帯をなくしたから連絡できませんでした」などと言い逃れをされないよう，しっかりとルールを定めましょう。社長が把握し得ない事実については「無断と同じである」ということを徹底しましょう。遅刻に関しては面倒でも毎回「始末書」を取るなどしておきます。

　また，無断欠勤の上限日数を設ける場合には，「所定勤務日での日数なのか，連続する日数なのか」など細部にわたって定めておきます。懲戒行為は，就業規則に明記された事案以外では一切行うことができません。就業規則に「無断欠勤2週間で懲戒解雇」と書いてあれば，その日数未満での懲戒行為はできないということ。つまり13日目で出勤されるとそのまま雇い続けなければならないということです。

■ポイントは「就業規則の完備」です！

　「うちの会社は少人数のアットホームな雰囲気が自慢なんです。なので就業規則のような大袈裟なものは必要ありません。もうちょっと人数が増えて会社の規模が大きくなった時にでも考えますよ」という経営者の方を多く見受けます。本当にそうでしょうか。

　例えば賃金にまつわるトラブルが発生し，一人の従業員が反旗を翻し会社に未払い残業代を請求してきたらどうなるでしょう。結果未払い残業を200万円支払うことになったと仮定した場合，大企業であれば経営面にそう大きな影響を与えるものではありませんが，零細企業であれば小さな影響で済む額ではないでしょう。そう簡単に支払える額ではないはずです。そう考えた時，小さな会社，アットホームな会社にこそ就業規則は必要であるのではないでしょうか。

　就業規則は会社で勤務する上での憲法であり，そこに定めのない事由での解雇，懲戒などは原則，一切できません。ありとあらゆる事態を想定してさ

まざまな事柄を挿入しておくことが大切です。特に賃金，服務規律，私傷病による長期休業への対応，解雇事由，懲戒事由などは最重要です。

5 退職——採用時と同じく慎重に

今まで頑張ってくれた社員が辞めていく。それには色々な事情があることでしょう。ただここで気をつけることは，たとえ円満退社であっても会社都合の退職であっても退職に関する書類は必ず作成し，退職者に渡すということです。

1　必ず「退職届」を提出してもらう（退職後のトラブルを回避する）。

自分に非があり，やむなく自己都合で退職したにも関わらず，ハローワークの窓口で担当官に「実は解雇されました」などと言い分を変える例がよくあります。その際に「退職願」があるとないとでは，担当官の心象が全く違います（解雇者を出しているか否かは，助成金などを利用しようとする際に大きく影響してきます）。

2　必要の有無，受給資格の有無に関わらず「離職に関する証明書」を発行し，送付しておく。

雇用保険では「離職票」，健保・厚年では「資格喪失連絡票」です。

＊　　　　＊

労使双方がなんとなく不穏な雰囲気が続いた結果，退職を招いた場合は，退職者のその後の動向に注意が必要です。トラブルの多くは退職時または退職後に起こります。私が経験した退職にまつわるトラブルとしては，
①在職中のタイムカードを全て持ち出し，残業代を計算した上で「内容証明」にて未払い残業を請求してくるケース。
②退職後に，あることないことを周辺に言ってまわるケース。
③自主退職にもかかわらず「解雇された」と言い出し，「解雇予告手当」を請求してくるケース。さらに遡って解雇が不当であるとなってしまえば今日まで就業していたものとみなされ，その間の賃金を支払わなくてはいけな

いことになる。

などなど，在職中には見せなかった「別の顔」を思い切り使って主張をぶつけてきます。

■**労務管理を行う上で最も大事なことは「従業員の立場で考える」ことです。**

　労務問題・法律問題などは「好き，嫌いの問題」など，人間臭い理由が大きな要素を占めている場合が多いものです。そこで労務問題を起こさないために「トラブル予防」を徹底します。いかに相手の立場に立てるか，ここがポイントでしょう。「雇われの身の気持ち」というものに疎(うと)くなる場合など，ついつい自分本位に物事を考えてしまいがちで，従業員の微妙な気持ち・状況の変化などに気付かず，お互いの溝が深まり結果として労務問題などへ発展していきます。常に従業員の立場になって考えることを意識し，根気をもって日々の労務管理を行ってください。

　労使トラブルは起こってしまったら本当に大変です。その解決に要する「無駄なエネルギー」は大変なものです。そんな無駄で莫大なエネルギーを浪費することがないよう，しっかりとしたルールを作り，しっかりと運用し従業員にしっかり適用していくことです。そのために「就業規則」，「雇用契約書」，「始末書」など，基本となるものをしっかり完備し，最悪の事態に備えておきましょう。

COLUMN 5

自分の老後を考える

社会保険労務士 **大橋正郎**

　日本人の平均寿命は何歳か，ご存じですか？

　世界保健機構（WHO）が発表した2011年度版の世界保健統計によると，日本の男性は約80歳，女性は約86歳。男女平均においては統計をとりだした1990年以来，今日まで世界の首位を保持しています。

　60歳を定年としてもそこから夫婦で約20年以上もの老後生活が待っているということですね。

　そんな莫大な時間，皆様は何を楽しみにして過ごすのでしょうか。釣り，園芸，旅行，スポーツ，はたまた退職金を元手に商売を始めるなど，100人いれば100通りの楽しみ方があるでしょう。

　しかし，何をやるにしても必ず必要になるのが「資金」です。

　日本の平均年金受給額は，老齢基礎年金のみの受給世帯で約5.8万円，老齢厚生年金の受給世帯で約17万円から20万円程度といわれています。

　次に，老後の生活費がどれくらいかかるのか。夫婦二人の場合，最低日常生活費で約24万円，さらにゆとりある老後生活費は約38万円ともいわれています。

　現役世代であれば毎日が時間に追われ仕事に追われ，たまの休日は家族サービスに追われ，自分を顧みたり老後たるものを考える余裕などないかもしれませんが，たまには立ち止まって，余りある第二の人生について考えてみるのも良いのではないでしょうか。

専門・一般　小さな会社の労務管理

健康保険

埋葬料等，傷病手当金

特定社会保険労務士　**眞鍋幸宏**

　人が亡くなった時，休業（休職）した場合など，全国健康保険協会（健康保険）についても給付がある場合があり，それについて述べていきます。
※ここでは全国健康保険協会での取り扱いです（健康保険組合は異なります）。

1　健康保険の埋葬料（費）について

　埋葬料（費）とは以下のA，Bです。家族埋葬費とは以下のCです。
A．会社の健康保険に加入している人（被保険者）が亡くなった時は埋葬料として亡くなった被保険者により生計を維持されていた方に5万円支給されます。

　「生計を維持されていた者」とは，被保険者により生計の一部でも負担されていれば該当します。民法上の親族又は遺族であることは要しません。又，被保険者が世帯主であるということ，同一世帯であったことも問いません。

B．被保険者により生計が維持されていた方がいない場合は，実際に埋葬を行った方に5万円支給されます。

　船の甲板より転落して行方不明となり，なお死体発見にいたらないが当時の状況により死亡したものと認められる時は，同行者等の証明書等の発行に死亡として取り扱う（昭4.5.22保理1705）。

　自殺による死亡は絶対的事故であり支給となります。

C．会社の健康保険に加入している人の被扶養者が亡くなった時は家族埋葬料として被保険者に対して5万円支給されます。

健康保険に加入していた人（被保険者）が資格を喪失した後に亡くなった時にでも埋葬料（費）が支給される場合があります。次の三つに当てはまる場合です。
- 被保険者であった方が，資格喪失後3カ月以内に亡くなった場合。
- 被保険者であった方が，資格喪失後の傷病手当金又は出産手当金の継続給付を受けている間に亡くなった場合。
- 被保険者であった方が，資格喪失後の傷病手当金又は出産手当金の継続給付を受け終わった日から3カ月以内に亡くなった場合。

ただし，あくまでも被保険者の方だけであり，被扶養者の方には適用はありません。

（1）被保険者・被扶養者が亡くなった時の健康保険手続の流れ

被保険者の方が亡くなった場合は，健康保険証を事業主に返却。事業主は管轄の年金事務所へ保険証と健康保険・厚生年金保険資格喪失届を提出。健康保険被保険者埋葬料支給申請書を作成し，各添付書類と合わせて全国健康保険協会各都道府県支部へ提出（郵送可）。一部の年金事務所内に全国健康保険都道府県支部の出張窓口があるところもありますので，そちらでも提出可能です。

もし，亡くなられたご主人様が健康保険の被保険者であり，奥様，お子様が被扶養者である場合は奥様，お子様は健康保険の任意継続はできません。奥様，お子様は各市町村の国民健康保険に加入されるか，どなたかの健康保険の被扶養者になるかということとなります（被扶養者の要件を満たすことができる場合）。

（2）死亡に関する健康保険給付の制限について

死亡に関する健康保険の保険給付の制限については次のものが挙げられています。

被保険者又は被保険者であった者が，自己の故意の犯罪行為により，又は故意に給付事由を生じさせた時は，行いません。

ただし，犯罪行為の中で，道路交通法違反による死亡についての埋葬料は支給制限の適用外となります。

被保険者又は被保険者であった者が，次の各号のいずれかに該当する場合には，疾病，負傷又は出産につき，その期間に係る保険給付は行わない。

　一、少年院その他これに準ずる施設に収容されたとき。
　二、刑事施設，労役場その他これらに準ずる施設に拘禁されたとき。
　2．保険者は，被保険者又は被保険者であった者が前項各号のいずれかに該当する場合であっても，被扶養者に係る保険給付を行うことを妨げない（健康保険法第118条）。

- 被保険者が交通違反となる無謀運転で事故死した場合でも埋葬料は支給されます。
- 被保険者が刑務所に服役中でも被扶養者の保険給付は受けられます。
- ただし，被保険者が，自己の犯罪行為により，被扶養者を殺してしまった場合，家族埋葬費は支給されません。

② 業務外の休業補償にあたる傷病手当金について

　業務上又は通勤時のケガや病気で仕事を休んだ時は原則，労災保険から休業についての補償が受けられます。しかし，業務外のケガや病気で仕事を休んだ時は健康保険の被保険者であれば給付が受けられる場合があります。
　健康保険の被保険者（任意継続被保険者を除く）が，私傷病が原因（通勤は含まず）で休業した場合，健康保険から傷病手当金が支給されます。傷病手当金は健康保険の被保険者が対象であり，被扶養者は対象外です。
　まず，傷病手当金の内容から述べていきます。

ケガや病気で仕事ができない時の休業についての給付

業務上のケガや病気→労災保険からの給付。休業補償給付（休業給付）。
業務外のケガや病気→健康保険からの給付。傷病手当金。

---

(1) 傷病手当金とは

　被保険者（任意継続被保険者を除く）が療養のため労務に服することができない時は、その労務に服することができなくなった日から起算して3日を経過した日から労務に服することができなくなった期間、傷病手当金として、1日につき、標準報酬日額（標準報酬月額の30分の1に相当する額）の3分の2に相当する金額を支給する（健康保険法第99条）。

● 被保険者の方が業務に起因しない疾病や負傷の療養のため、仕事を休み、給与を受けられない（無給）などの条件を満たした場合は、申請により傷病手当金が受けられます。

【傷病手当金支給要件のまとめ】
①業務外の事由である、疾病や負傷であること。
②仕事につけないこと（医師等の意見書をもとに判断）。
③連続した3日を含む、4日以上労務に服さなかったこと。
④給与が支給されないこと。

● 傷病手当金の支給は、例えば、健康保険の標準報酬月額が180,000円の方の場合は、標準報酬日額（標準報酬月額の30分の1に相当する額）となり6,000円。6,000円の3分の2であるので、1日あたりの傷病手当金は4,000円となります。
（計算例）
　標準報酬月額180,000円（標準報酬日額6,000円）。
　4月1日から4月24日まで休業した場合（無給）。
　4月1日～3日待機期間、支給は4月4日～24日（21日間）。
　6,000円×2／3×21日＝84,000円。

　ちなみに標準報酬月額とは、給与の金額ではありません。健康保険料の計算のもとになる金額です。主な三つの決定方法は下記のとおりです。
①取得時決定。入社時等で健康保険の資格を取得した時、給与の見込み額を標準報酬額表に当てはめて決定。

②定時決定。4～6月の給与の平均をもとに標準報酬額表に当てはめて決定。
③随時改定。給与のうち固定給又は時給等の変動にともなって，標準報酬額表の等級が2等級以上変動した場合に3カ月後に申し出により変更決定。

主にこのような場合に登録された金額が標準報酬月額になります。

傷病手当金の支給期間は，同一の疾病又は負傷及びこれにより発した疾病に関しては，その支給を始めた日から起算して1年6か月を超えないものとする（健康保険法第99条第2項）。

● 支給開始日とは，待機期間の休業3日が終了し，傷病手当金の支給が行われる4日目が支給を始めた日（支給開始日）となります。

5円未満の端数は切り捨て，5円以上10円未満の端数があるときはこれを10円に切り上げます。

労務を服することができなくなった日が3日間継続すれば待機は完成します。通算して3日ではありません。

● 労災保険の休業補償給付では，待機期間は3日間の継続ではありませんが，健康保険の傷病手当金の待機期間は3日間の継続が要件になります。

労災保険法による休業補償を受給している方が，ほかの業務外の事由による傷病によっても労務不能となった場合は，労災保険より受給している休業補償の額がほかの業務外の事由による傷病手当金の額に達しない場合はその差額分のみ傷病手当金が支給されます。

例えば，作業中に転倒し，右足骨折により労災保険の休業補償給付を受けている方が，療養中にインフルエンザにかかった場合（業務に起因しない疾病）などが該当します。

骨折による傷病手当金の期間満了後，なお引き続き労務不能である者が肺炎（前の傷病と因果関係がない）を併発した場合は，肺炎のみの場合において労務不能が考えられるか否かによって支給・不支給の判断をとります。

（2）出産のため休業する時にもらえる給付，出産手当金について

　健康保険の被保険者が出産について，会社を休む場合，出産日前（出産の日が出産の予定日後である時は出産予定日）42日（多胎妊娠の場合については98日），出産日の後（産後）56日までの間で，仕事を休んで，給与が支払われなかった場合について健康保険より出産手当金が受けられます。
　出産手当金の金額は傷病手当金の計算方法と同じです。
　出産手当金と傷病手当金が同時に支払われる場合においてはその期間は，傷病手当金は支給しません。

（3）出産育児一時金・家族出産育児一時金について

　出産手当金は健康保険の被保険者のみが受けられるものですが，出産育児一時金については被保険者及び被扶養者でも受けることができます。被扶養者の方が受けられる場合，内容は同じですが，家族出産育児一時金という名称になります。現在は被保険者等が直接，医療機関窓口で出産費用を現金で支払わなくてもいいように，保険者が医療機関等に出産育児一時金等を直接支払う「直接支払制度」があります。

（4）資格喪失後でも傷病手当金，出産手当金が受けられる場合

　被保険者の資格を喪失した日の前日まで引き続き一年以上被保険者であって，その資格を喪失した際に傷病手当金又は出産手当金の支給を受けているものは，被保険者として受けることができるはずであった期間，継続して同一の保険者からその給付を受けることができる（健康保険法第104条）。

- 退職日の時点で，継続して1年以上被保険者であり，傷病手当金及び出産手当金を受けている場合は継続給付を受けることができます。
- 1年以上の被保険者期間とは必ずしも，同じ会社に在籍していないといけないということではなく，転職した場合でも健康保険資格が1日でも間が空かなければ成立します。ただし，公務員から民間の会社へ転職した場合などによる国家公務員等共済保険より変更の場合は継続とはみなされません。

(5) 傷病手当金,公的年金との調整がある場合

■障害厚生年金との調整について

　　傷病手当金の支給を受けるべき者が,同一の疾病又は負傷及びこれにより発した疾病につき厚生年金保険法による障害厚生年金の支給を受けることができるときは,傷病手当金は支給しない。ただし,その受けることができる障害厚生年金の額につき厚生労働省令で定めるところにより算定した額が,傷病手当金の額より少ないときは,その差額を支給する（健康保険法第108条第2項）。

　　傷病手当金の支給を受けるべき者が,同一の疾病又は負傷及びこれにより発した疾病につき厚生年金保険法による障害手当金の支給を受けることができるときは,当該障害手当金の支給を受けることとなった日からその者がその日以後に傷病手当金の支給を受けるとする場合の当該傷病手当金の額の合計額が当該傷病手当金の額に達するに至る日までの間,傷病手当金は支給しない。ただし,当該合計額が当該,傷病手当金の額に達するに至った日において当該合計額が当該障害手当金の額を超える時はその差額については,この限りでない（健康保険法第108条第3項）。

　　原則として,障害（基礎）厚生年金は初診日から1年6カ月経過時に障害認定日となり,認定日の翌月より支給開始となります。傷病手当金は支給開始日から1年6カ月までとなっております。この場合は障害（基礎）厚生年金との差額調整はありません。ただし,障害認定日が初診日より1年6カ月以内の場合は障害（基礎）厚生年金との差額調整があります。このような時に後日,全国健康保険協会等に返納がある場合があります。

■老齢厚生年金との調整について

　　傷病手当金の支給を受けるべき者が,国民年金法,厚生年金保険法,国家公務員共済組合法,地方公務員共済組合法又は私立学校教職員共済法に基づく老齢又は退職を支給事由とする年金である給付その他の老齢又は退職を支給事由とする年金である給付であって政令で定めるもの支給を受けることができるときは,傷病手当金は,支給しない。ただし,その受ける

ことができる老齢退職年金給付の額につき厚生労働省令で定めるところにより算定した額が，傷病手当金より少ないときは，その差額を支給する（健康保険法108条第4項）。

資格喪失後の継続給付で傷病手当金を受けている人が，公的な老齢厚生年金等を受ける場合は老齢厚生年金等の金額を360分の1の金額と傷病手当金の日額を比較して，老齢厚生年金等の日額が傷病手当金の日額を下回る時のみ日額の差額分を支給するということになります。

COLUMN 6

知ってよかった
限度額適用認定証と高額療養費貸付制度

特定社会保険労務士 　**眞鍋幸宏**

　健康保険では病院に入院した際，月々支払する窓口での自己負担額が限度を超えた場合は，保険者（全国健康保険協会および健康保険組合等）より，受診して3カ月後くらいに払い戻される仕組みになっております。これだと一時的に費用の立替負担が大変になることもあります。このような時に限度額適用認定証を事前に病院に入院する際に提出しておけば，健康保険の自己負担限度額以上は支払う必要がありません。ただし，保険外負担等（差額ベッド代など）は対象外です。

　限度額適用認定書の交付は事前に保険者（全国健康保険協会および健康保険組合等）に申請し，限度額認定書の交付を受けることになります。病院に入院する時，健康保険証と一緒に限度額適用認定証を提出してください。これで場合によっては一時的な多額の費用立替が必要ないかもしれません。ちなみにこの限度額適用認定証は現在，入院の予定がなくとも被保険者，被扶養者は申請することができます。急病等で入院しなくてはいけなくなった時，あわてて準備するのではなく，事前準備しておくことをオススメしておきます（入院月を遡って申請はできません。ご注意してください。例えば，7月3日入院した場合は7月末日まで申請が必要です）。

　また，この限度額適用証は通院の場合は使用することができません。もし通院治療による継続的な抗ガン剤の投与などで，自己負担額の限度を毎月超える可能性がある場合は「高額療養費貸付制度」を利用することをオススメします。この制度は高額療養費の払い戻しが受診後，通常3カ月後くらいになるものを高額療養費の払い戻し対象の80％相当額を1カ月くらいで先に払い戻され，残りは3カ月後くらいに払い戻すというものです。なお，この「高額療養費貸付制度」は通常の高額療養費の払い戻しの場合にも使えますので，限度額適用認定証を申請し損ねた場合の入院分の高額療養費の払い戻し請求の際にも利用するとよいかと思います。利用の際は保険者（全国健康保険協会等）の窓口にて申請してください。

中小企業における外国人の雇用

行政書士　田村公隆

　日本企業の国際化は急激に進んでおり，生産コストの削減のために海外より原料を輸入したり，販路拡大のために海外に営業所を置いたりと，その活動は年々激しくなっている。中小企業においてもその流れは同じであり，企業活動のボーダレス化に伴い外国人の雇用は重要な課題となっている。
　本稿は，中小企業が外国人を雇用するにあたっての，基礎的な知識及び注意すべき点を検討する。

1　企業が外国人を雇用するために必要なこと

　企業が外国人を雇用する理由を考えた場合，一般的に最初に思いつくのは安価な労働力の確保である。多くの日本人は，外国人労働者は日本人と比較して安い給料で雇用できるという誤った考えや情報を持っているようである。しかし，企業が外国人を雇用する場合，次のように，日本人を雇用するより遙かに厳しい制限がある。

①外国人の固有性を重視した業務
　外国人は，その固有性，つまり言語や国特有の商習慣や独特の技術などを生かした，日本人ではできない業務を行うということが大前提である。外国人が持つ固有性を必要としない単純労働などでは，原則正社員として雇用することはできない。

②日本人と同等以上の待遇
　同じ業務に従事する日本人と同等もしくはそれ以上の給料を支払う必要が

ある。

③労働基準法等法令の厳守

　労働基準法やその他労働者を雇用することに関連する法令は，外国人にも適用される。当然，雇用保険等への加入も必要となる。

2　在留資格とは

　日本に滞在している外国人は，日本国内での活動の内容に応じた在留資格を取得している。

　在留資格とは，外国人が日本に在留する間の身分又は地位を示す「出入国管理及び難民認定法」（以下，「入管法」という）上の法的資格を言い，外国人が日本で活動する内容により27種類に分類されている。在留資格を取得することにより，日本国内での活動内容及びその期間が許可されることとなる。

　外国人が就労可能か否かについては，パスポートで確認することとなる。

3　就労と在留資格との関係

　27種類の在留資格は，その活動により報酬を得ることが許可されている「外交」ほか16種類，報酬を得ることが許可されていない「留学」ほか5種類，日本人と同等の活動ができる「永住者」ほか3種類に分類されている。

　報酬を得ることが許可されている在留資格を取得していても，その取得した在留資格の活動のみによって報酬を得ることが許可されているにすぎない。言い換えれば，その取得している在留資格以外の活動では報酬を得ることはできず，万が一，取得している在留資格以外の活動で報酬を得た場合，入管法に抵触することとなる。

4　就労可能な在留資格

　在留資格の中で「永住者」，「日本人の配偶者等」，「永住者の配偶者等」，「定住者」の4種類の在留資格を取得している外国人は，就労活動に制限がない

ため，報酬を得る活動において，日本人と同等の活動が可能である。

　報酬を得ることが許可されている在留資格には，外国の公務員のような公的な立場の人が取得するものであったり，学校の先生や宗教家，報道関係者，作曲家などの専門的な職業の方，弁護士や医者などの専門の資格を持っている方などが取得するものがあるが，中小企業が雇用する外国人は「技術」，「人文知識・国際業務」，「技能」の在留資格を取得していることが多い。
　「技術」，「人文知識・国際業務」，「技能」の在留資格の業務と具体的な職業は，次のようなものである。

①「技術」
　この在留資格は，理学・工学その他の自然科学の分野に属する技術又は知識を要する業務に従事する外国人が取得する在留資格である。
　従事しようとする業務に必要な技術もしくは知識に係る科目を専攻して大学を卒業し，もしくはこれと同等以上の教育を受け，又は10年以上の実務経験を有していることが要件となる。
　具体的な職業は，ＩＴ関連のプログラマー，ゲーム開発のプログラマー，ソフトウェアのエンジニア，システム開発の技術者などである。

②「人文知識・国際業務」
　この在留資格は，「人文知識」と「国際業務」の二つの分野に分かれている。
　「人文知識」分野は，法律学・経済学・社会学その他の人文科学の分野に属する知識を必要とする業務に従事する活動であり，「国際業務」は，外国の文化に基盤を有する思考もしくは感受性を必要とする業務に従事する活動である。「人文知識・国際業務」の在留資格とは，この二つの分野の業務に従事する外国人が取得する在留資格である。
　「人文知識」は，従事しようとする業務について，これに必要な知識に係る科目を専攻して大学を卒業し，もしくはこれと同等以上の教育を受け，又は従事しようとする業務について10年以上の実務経験を有していることが要件となる。
　具体的には，国際市場調査，国際会計業務，海外貿易の実務などである。

「国際業務」での，外国の文化に基盤を有する思考又は感受性を必要とする業務とは，翻訳，通訳，語学の指導，広報，宣伝，服飾又は室内装飾に係るデザイン，商品開発その他これらに類似する業務のことである。この業務の中で，従事しようとする業務に関連する業務に3年以上の実務経験を有することが要件となる。ただし，翻訳，通訳については，大学を卒業した者は，3年以上の実務経験を要しない。

③「技能」
　この在留資格は，産業上の特殊な分野に属する熟練した技能を要する業務に従事する外国人が取得する在留資格である。
　「技能」の在留資格は，一般的な要件として従事しようとする業務に10年以上の実務経験を有し，かつ，その経験が外国に特有の技能であることが必要であるため，中小企業において雇用できるものは限られている。多く見られるのは次の職業などである。
・外国料理の料理師（料理の調理又は食品の製造に係る技能）
・建築技術者（外国に特有の建築又は土木に係る技能）
・製造技術者（外国に特有の製品の製造又は修理に係る技能）
・貴金属等の加工職人（宝石，貴金属又は毛皮の加工に係る技能）

　雇用する外国人の在留資格を確認する上で注意が必要なケースとしては，「技術」の在留資格を持つ外国人を雇用する場合が多いIT関連企業やゲーム開発会社が，新たに通訳として外国人を雇用する場合である。その外国人は「人文知識・国際業務」の在留資格を取得していなければならない。つまり，雇用する企業の職種ではなく，雇用する外国人が従事する業務によって必要な在留資格を判断しなければならない。

　なお，「資格外活動許可」を取得している場合，有している在留資格以外の活動で報酬を得ることが可能となるが，「資格外活動許可」での活動は，週28時間以内となっており，その時間を超えて活動することは原則禁止されている。

5　中小企業に求められる要件

　外国人を雇用する際，企業側にも求められる要件等がある。第一に外国人雇用の必要性，次に企業の存続性や経営内容の健全性である。

　外国人の雇用の必要性とは，企業が行う事業が，雇用する外国人を従事させることを必要としている業務であるか否かということである。具体的な例は，企業が外国企業との取引きをする際に外国の商習慣の知識の取得や外国語の内容の確認などのために外国人を雇用する場合や，中華料理店を開業する際に中国料理を作る料理人などを雇用するような場合である。

　企業の存続性とは，企業が安定的に継続できるか否かということである。外国人を雇用した後，企業が存続しなければ，その外国人が報酬を得る活動が継続できなくなるためであるが，その企業は財務内容を審査されることとなる。具体的には，決算書の損益計算書で経常利益が出ていることが必要である。

　経営内容の健全性とは，企業が行う事業が法に抵触していないか否かということである。明らかに違法な事業はもちろんであるが，法に抵触する可能性があれば，指摘を受けることがある。

　違法な事業とは異なるが，注意が必要なのは，その企業が「風営適正化法」における許可を取得している場合である。「風営適正化法」における許可に関連する業務で外国人を雇用する場合，「興行」の在留資格を取得するか，「永住者」などの就労に制限がない在留資格を取得している必要がある。「興行」の在留資格については，非常に厳しい要件があり，現在は取得することが難しい。「風営適正化法」における許可に関連する業務は，外国人をアルバイトで雇用することも禁止されており，「資格外活動許可」を取得していたとしても，その従事できる業務の対象とはならない。

　外国人を雇用しようと考えている企業は，以上のことすべてを満たしている必要がある。

6　まとめ

　企業は，次のような観点から，外国人雇用について考える必要がある。

①社内に外国人を雇用する体制が整っているのか？
②雇用予定の外国人を従事させる業務について，しっかりとした事業計画が整っているのか？
③雇用予定の外国人の在留資格などは問題ないのか？
そして，
④そもそも外国人を雇用する必要があるのか？

　企業は，在留資格で認められていない業務をさせていたり，在留期限が切れている外国人を雇用していたり，規定されている時間数以上の勤務をさせていたりすると，不法就労助長罪に抵触する可能性がある。
　外国人を雇用しようと考えている中小企業は，自らの体制を整え，雇用する外国人の在留資格などについてポイントを押さえて確認するなど，外国人を雇用することについて理解を深めることが重要である。

中小企業におけるネットリスク対策

ネットリスクアドバイザー　**深町義浩**

　日本のインターネット利用人口はWindows95の発売から急速に増加してきた。1997年末で1100万人だったインターネット利用人口は，2009年末には9400万人に達している。人口に占める割合が78％に達していることになる（「2010年総務省通信利用動向調査」より）。

　使用機器はパソコン，携帯，ゲーム，テレビなどさまざまであるが，まさに子供から老人までインターネットを使う層が広がっていることになる。この16年ですごい勢いで増加したものである。

　企業のインターネット利用状況を見ても，インターネットを使っていない企業を探すほうが難しい時代である。

　設定を一度してしまえば，簡単に使えるインターネットであるが，そこにはさまざまな危険をはらんでいることを認識しておかなければならない。

　インターネットを使う場合にはリスク対策をして，セキュリティを高めておくことが大事である。

1　具体的なリスクにはどういうものがあるか？

　まず，具体的なリスクをいくつか見ていこう。

　第1はコンピュータウイルスである。感染形態で分類するとファイル感染形ウイルス（ほかのプログラムに自分自身を埋め込むもの），ワーム（ほかのコンピュータに自分自身をコピーするもの），トロイの木馬（有用なプログラムを装うもの）など多種多様なウイルスが存在する。

　第2はスパイウエアである。「利用者や管理者の意図に反してインストールされ，利用者の個人情報やアクセス履歴などの情報を収集するプログラム

である。

　第3はボットである。コンピュータウイルスの一種で，コンピュータに感染し，そのコンピュータを，ネットワーク（インターネット）を通じて外部から操ることを目的として作成されたプログラムである。感染すると，外部からの指示を待ち，与えられた指示に従って内蔵された処理を実行する。

　第4は不正アクセスである。コンピュータのOSやアプリケーションやハードウエアに存在する脆弱性（セキュリティホール）を利用して，コンピュータのアクセス制御機能を迂回し，コンピュータ内に侵入する行為である。

　第5は情報漏洩の問題である。情報資産を外部に流出させてしまうことである。

　第6は迷惑メールである。懸賞サイトなどや何らかの方法でメールアドレスが流出して，出会い系サイトや違法商品の購入など多種多様のメールが送られてくるものである。

　第7はネット詐欺である。ワンクリック詐欺と呼ばれ有料サイトに会員登録したと誤解させて料金を請求させるものや，フィッシング詐欺と呼ばれ，正規の企業をかたった偽メールなど偽りのWEBサイトに誘導し，個人情報を入力させるものなどがある。

　いくつかのリスクを見てきたが，時代が変われば，また新たなリスクが発生する。最新の情報を入手して対応することが必要である。

２　技術の進歩とリスクの関係

　まず，ハードウエアの進化によりリスクは増大した。
　1990年代初頭パーソナルコンピュータの頭脳は非力なものであった。データをコピーしようと思っても処理をするのに相当の時間がかかっていた。現在はデュアルコア⁽¹⁾，クアッドコア⁽²⁾というようにCPU（中央集積回路）をいくつ

（1）一つのパッケージに二つのプロセッサコアを集積したマイクロプロセッサ。
（2）一つのパッケージに四つのプロセッサコアを集積したマイクロプロセッサ。

も持っているものも増え，処理スピードは格段に進歩している。

また，フロッピーディスクの時代は1ギガの単位が主流だったのが，現在は1メガまたは1テラであるから1000倍以上の記憶容量を簡単に持ち出せるのである。例えば，紙で1000枚の情報を持ち出すためには時間をかけてコピーするしかなかったが，デジタルデータの場合は数秒でUSBなどに簡単に持ち出せるのである。

また，インターネットの接続方法はダイヤルアップ→ISDN→ADSL→光と変化してきた。ダイヤルアップ接続の回線のスピードは33.6kbpsが主流であり，光が100Mbpsであるから1000倍以上スピードアップしたことになる。モデム，ブロードバンドルーターなどのハードウエアの進化も回線のスピードのアップに貢献し，データを瞬時のうちに転送できることになったのである。不便な時代にはできなかったことが，現在は簡単にできしまう。つまり便利になったハードの進化はリスク要因を増やしたと言える。

もう一つとしてはソフトウェアの進化によりリスクが増大した。

メール，ブログ，SNS，ツイッターのようなコミュニケーション・ツールの進化によりパソコンを使う頻度が増えている。

インターネットはいまや生活に欠くことのできないコミュニケーション・ツールとなっている。インターネットに常時接続しているということは，それだけでリスクを増大している。最近の歌の歌詞にあるように「繋がっている」のは恋人だけでなく，インターネットという世界に住む悪意を持った人とも繋がっているのである。

③ インターネット上でどういったリスク対策があるのか？

（1）リスクとは何か？と聞かれると

「リスク＝事故の発生確率×事故の影響の大きさ」として表すことができる。

リスク要因を分析し，自分の会社にとってどれが最善のリスク対策なのかを認識することによって最小の被害に抑えることができる。

ここでは外的リスク対策と内的リスク対策という視点で，一般的なリスク対策を考えてみる。

■外的リスク対策として下記の対策が有効である
● ウイルス・スパイウエア・ボット対策
　ウイルスに関して最低限のワクチンソフト[3]の利用が必要である。また，最新のセキュリティパッチ[4]の実施を行うことである。
● 不正アクセスの防止
　外部からの進入においてはファイアウォール[5]を立てるのが有効である。
● 不正侵入の検知
　不正ＰＣの規制にはＭＡＣアドレス[6]により，不正なものを排除する。不正ＰＣを検知し，ネットワーク担当者に報告するハード及びソフトなどの導入により可能になる。
● 情報の秘匿
　重要な情報を守るには「暗号化」が不可欠である。企業で一般的に使用されているソフトのエクセル，ワード，PDFなどには「暗号化」をして社外では見られないようにしておくことも有効である。もし送信などをする場合は相手方に鍵を渡して「復号」して使用してもらう。

■内的リスク対策として下記の対策が有効である
● パソコンの外部持ち出し禁止
　社内での情報の流出に関しては，USBの規制や個人ＰＣを規制する。
● 記憶媒体の持ち込み，持ち出し禁止
　パソコンは業務で使うものである。原則，社内で使用し，外部で使用する場合は外部持ち出し用パソコンを用意するか，社内のネットワークにアクセスする前に必ずウイルスチェックを行う。
● メールのフィルターリング
　迷惑メール対策及び業務に関係のないページへ行けないようなハードまたはソフトを導入する。

（３）コンピュータウイルスを除去するソフトウェア。
（４）ソフトウェアに保安上の弱点（セキュリティホール）が発覚した時に配布される修正プログラム。
（５）組織内のコンピュータ・ネットワークへ外部から侵入されるのを防ぐシステム。
（６）各Ethernetカード固有のＩＤ番号。

- パソコン操作のオンライン監視

 ＰＣの操作履歴を監視する。事故が起こった場合には重宝する。しかしクライアントにスパイウエア(7)を入れるようなもので，クライアント作業が重くなる点は注意が必要である。
- データの暗号化の実施

 秘密の度合いによって共有のデータに対して鍵をかける。
- 社員のモラルの向上

 就業規則等により秘密保持を遵守させる。抑止力として誓約書等を作成するなど，社員の意識を変えることも必要である。

 パソコンでのデータの場合は，「情報の漏洩に気づきにくい」，「一瞬にして大量のデータが流出する」，「漏洩した情報の回収が不可能」という点がある。一度流出してしまうと，謝罪広告ならびに損害賠償等の費用は決して安くはない。個人情報を扱う企業は特に注意が必要である。

 外部への情報漏洩要因の割合は外部20％に対して，内部80％というデータも出ている。持ち出しのルールまたはハード的に持ち出せない状況にするのが望ましい。

 これからの経営者は「ＩＴのことはわかりません」とは言えない時代になっているのである。最低限のリスクに対しては認識し，社内ルールを整備し，社員のモラル向上に努めるべきである。

 便利に使っているインターネットであるが，自分が便利と感じるものは他人も便利なのである。知らず知らずのうちに悪意をもった他人が隣席しているということを認識することが必要である。

４　ネットリスクに対してどれだけの費用がかけられるのか

 外的リスク対策と内的リスク対策を考えてきた。すべてを導入するのがベストではあるが，中小零細企業でこれをすべて行うにはかなりの初期導入コ

（7）パソコンを使うユーザの行動や個人情報などを収集したり，CPUの空き時間を借用して計算を行ったりするアプリケーションソフト。

ストと運用コストを必要とする。

　中小零細企業の場合はパソコン業者とよく検討し，最重要なものから対策を立て，費用対効果を考えて導入すべきである。

　毎年更新のたびに費用がかかり，導入費用＋保守費用という新たなリスクが企業を襲ってくることになる。

　がんばって稼いだ利益がリスク対策費用に消えてしまうのは悲しいことである。

　中小零細企業においては，必ずしも全社員にネット環境が整っておらず，ＩＴに詳しい人がいない場合もある。そういう場合は原始的ではあるが，多少不便でもインターネットの環境のある社外ネットのパソコンと社内ネットのパソコンを分けるほうが賢明かもしれない。物理的に繋がっていなければ何も心配する必要がないからである。

　また，会社は社員に対する管理責任を負っているので，残業や持ち帰り残業をしている会社は注意が必要である。インターネットリスクに対する無知識の社員が業務用データを持ち帰り，おまけとしてウイルスを持ち帰る場合や社員が業務用のUSBを紛失する場合もありうる。

　社員のサービス残業にも厳しい時代である。業務時間内で終わる職場の環境作り，社員教育などを行うことも必要である。

　現在，大手企業ではクラウド・コンピューティング[8]に移行しているところもあるが，まだまだ中小零細企業ではこれからである。基幹業務で使うソフトとインターネットエクスプローラー等を併用して使っている場合が多い。本当にクラウドに「業務用データをおいて大丈夫か？」というと，まだ不安な点が多い。

　各省庁の書類の提出や申請もインターネットで便利になってきた。しかし新たなウイルスはどんどん作られ，リスクは常に増大している。今日は大丈夫でも明日は大丈夫とはいえない時代なのである。

　インターネットの世界は未成熟な世界である。また，法の整備なども遅れている。野放しにインターネット接続の機会を与えるのではなく，自分の身

（8）従来は，手元のコンピュータで管理・利用していたようなソフトウェアやデータなどを，インターネットなどのネットワークを通じてサービスの形で必要に応じて利用する方式。

の安全は自分で行うことが大事である。
　ネットリスクに対する一番の費用がかからない対策をあげる。
　まず最初に

　　◎ウイルスソフトを使用する
　　◎信頼できないファイルを開かない
　　◎信頼できないサイトにはアクセスしない

　次に脆弱性を悪用するウイルスに対抗するために

　　◎ソフトの脆弱性を解消する
　　◎ソフトウェアの設定を変更する
　　◎ファイアウォールやルーターを利用する

　もしウイルスに感染した場合のために

　　◎定期的にバックアップを取る

　上記七つを実行して，こまめにパスワードを変更し，必要以上に「繋がない」ことである。

【参考資料】
　佐々木良一『ITリスクの考え方』岩波新書
　村井純『インターネット新時代』岩波新書
　西田宗千佳『クラウド・コンピューティング』朝日新書
　佐藤佳弘『IT社会の護身術』春風社
　佐藤佳弘『情報化社会の歩き方』ミネルヴァ書房
　中島　茂『ネットリスク対策なるほどQ&A』中央経済社
　岡嶋裕史『セキュリティはなぜ破られるのか』講談社
　鐸木能光『シンプルに使うパソコン術』講談社
　『日経パソコン』日経BP社
　総務省「情報通信統計データベース」
　　http://www.soumu.go.jp/johotsusintokei/statistics/index.html

セコムトラストシステムズ株式会社「情報漏洩要因の割合」
　http://www.secomtrust.net/infomeasure/rouei/column1.html
情報処理推進機構：情報セキュリティ「緊急対策情報」
　http://www.ipa.go.jp/security/announce/alert.html
「IT用語辞典」http://e-words.jp/

リスク法務実務研究会の紹介

　リスク法務実務研究会は，福岡の各種専門家で構成する任意団体です（平成20年2月発会，平成23年7月31日現在会員数32名）。広く「リスク」に関する法務・実務を学ぶのみでなく，地域ボランティア活動や会員同士の親睦をはかり，もって会員の発展と地域への貢献を目指します。主な活動や行事などは，次の通りです。

◈会員構成　弁護士・税理士・社会保険労務士・司法書士・行政書士・不動産鑑定士・土地家屋調査士・弁理士・ファイナンシャルプランナー・保険代理店等
◈定期研究会（年8回）　毎回会員2名（年間16名）が講師担当。
◈懇親会（各研究会終了後）　いつも盛り上がります。有志会員が順番に幹事を担当。
◈臨時研究会（年1，2回）　外部講師をお招きして勉強会。実績として，公証人，県庁職員，AED講師，新聞社局長に講師依頼。一般参加OK！
◈メルマガ「専門家集団・リスク法務実務研究会の経営支援情報」配信（毎週）
　有志会員21名が，毎週アトランダムに情報配信。どの専門家から届くのかお楽しみ！
　登録無料→http://www.mag2.com/m/0001120380.html
◈警固神社清掃奉仕（年7回）　ボランティア活動（早朝出勤前）。一般参加OK！
◈レクリエーション（年1回）　ボウリング大会。真剣勝負！
　上記の他，不定期に無料相談会，無料セミナー等を企画・実施したこともあります。今回は書籍出版を企画し，本書の発行につながっています。今後もさまざまな活動をしていきたいと考えております。活動の報告はブログおよびホームページで確認できます。

　　　　　　　　　　　　　＊　　　　　＊

　リスク法務実務研究会（または所属会員）は，次のご依頼をお受けできます（個別内容によってはお受けできない場合がございます）。
◈セミナー等講師派遣　企業，各種団体等にて行うセミナーに，講師を派遣します。
◈相談会の相談員派遣　企業，各種団体等が相談会等を実施する際，相談員を派遣します。
◈執筆依頼　雑誌，社内報等のコラムその他について，原稿を執筆します（単行本執筆のご依頼を含む）。
◈個別相談（団体，個人とも可）　個別状況に応じて最適の専門家を紹介します。事案に応じて，複数の専門家が担当することがあります。

```
┌─リスク法務実務研究会事務局──────────────────
│〒810-0041　福岡市中央区大名2-10-3　シャンボール大名C1001
│安藤社会保険労務士事務所内　担当：箭川（やがわ），安藤
│TEL 092-738-0808／FAX 092-738-0888
│[e-mail] m.ando@orion.ocn.ne.jp　[ブログ] http://blogs.yahoo.co.jp/hokenhoumu
│[HP] http://www.riskhoumu.com/
└────────────────────────────────
```

執筆者紹介

[50音順。氏名（よみ）　■職種・専門　■略歴　■取扱業務　■所属　■主著書　■連絡先]

安藤 功（あんどう・いさお）
- ■司法書士
- ■昭和53年生まれ。福岡県立嘉穂高、西南学院大学法学部国際関係法学科卒業。司法書士事務所勤務を経て、平成19年司法書士登録、ライブ司法書士事務所にて独立後、平成23年安藤功司法書士事務所開設。
- ■不動産登記、法人設立・役員変更・増資等登記手続のみでなく、経営者の高齢化による事業承継問題や取引先との契約書の内容確認、未収金の回収等幅広く企業法務を支援。
- ■リスク法務実務研究会会員
- ■安藤功司法書士事務所（福岡市中央区舞鶴1-1-10天神シルバービル204）

安藤政明（あんどう・まさあき）
- ■特定社会保険労務士、行政書士、一級FP技能士・CFP
- ■昭和42年生まれ。熊本県立済々黌高、西南学院大学商学部経営学科、中央大学法学部通信教育課程卒業。生命保険会社勤務、損害保険生命保険代理店経営を経て、平成10年安藤社会保険労務士事務所開設。
- ■就業規則・諸規程作成、労働法務指導相談、臨検監督立会、個別労働紛争あっせん代理、社会保険手続、給与計算代行、その他人事労務管理全般。
- ■リスク法務実務研究会主宰、労働判例研究会主宰、社労士会労働紛争解決センター福岡副所長、中央大学法学部通信教育課程福岡支部講師（労働法）
- ■『徹底解説就業規則作成マニュアル』（共著、大蔵財務協会）、『労働判例に学ぶ中小企業の労務管理』（共著、㈱労働新聞社）、『労働判例にみる解雇基準と実務』（共著、㈱日本法令）／その他執筆『労務士アンドウの言いたか！放談』（月刊『フォーNET』連載中）、『福岡都心神社街道』（『福岡地方史研究第48号』収録）、『退職金の減額と不支給』（日本FP協会『FPジャーナル』誌上講座）、『意外と使える解雇予告除外認定の申請実務』（㈱日本法令『ビジネスガイド』収録）他多数
- ■安藤社会保険労務士事務所（リスク法務実務研究会事務局）
- [HP] http://www6.ocn.ne.jp/~sr-ando/index.html

井上敦史（いのうえ・あつし）
- ■弁護士
- ■昭和57年生まれ。西大和学園高、京都大学法学部、同志社大学法科大学院卒業。平成20年司法試験合格、平成21年弁護士登録（福岡県弁護士会）、博多駅前法律事務所を経て、堀法律事務所入所。
- ■税務、債務整理、離婚、相続、その他一般民事全般。
- ■リスク法務実務研究会会員
- ■堀法律事務所（福岡市中央区大名2-11-13 古河大名ビル4F／TEL 092-718-0029／FAX 092-714-6881）

鵜池隆充（ういけ・たかみつ）
■税理士
■昭和44年生まれ。東福岡高卒業。平成10年税理士登録，平成17年鵜池隆充税理士事務所開業。
■法人の税務顧問，法人税・消費税・所得税・相続税・贈与税・法人住民税の税務代理及び税務書類の作成，記帳代行など。
■リスク法務実務研究会会員
■鵜池隆充税理士事務所（福岡市中央区舞鶴2丁目4-13）

大橋正郎（おおはし・せいろう）
■社会保険労務士
■昭和46年生まれ。東福岡高，九州国際大学国際商学部卒業。建設業，飲食業，物流業勤務を経て，平成18年大橋労務管理事務所開設。
■就業規則その他諸規程作成，労務管理全般，労働法指導，各種助成金手続きなど。
■リスク法務実務研究会会員，福岡県社会保険労務士会福岡支部中央支会運営委員
■大橋労務管理事務所（福岡市中央区谷1-16-58／TEL 092-738-7552）

小川　剛（おがわ・ごう）
■弁護士
■昭和50年生まれ。熊本県立熊本高，九州大学経済学部，九州大学法科大学院卒業。航空会社勤務を経て，平成19年司法試験合格，平成20年弁護士登録（福岡県弁護士会），西日本綜合法律事務所入所。
■労働関係，債権回収・保全，離婚，相続，その他一般民事全般。
■リスク法務実務研究会会員，労働判例研究会会員

■『労働判例にみる解雇基準と実務』（共著，㈱日本法令）
■西日本綜合法律事務所（福岡市中央区赤坂1-12-15 福岡読売ビル4F／TEL 092-771-6931／FAX 092-731-4950)

久々宮典義（くぐみや・のりよし）
■行政書士
■昭和50年生まれ。大分県立佐伯鶴城高，福岡大学人文学部文化学科卒業。総合小売業会社員を経て，平成14年くぐみや行政書士事務所開設。
■貨物運送業，建設業，産廃収集運搬業などの各種許認可業務。貨物運送業コンサルティング，相続手続き，遺言作成支援，契約書作成など。
■リスク法務実務研究会会員
■くぐみや行政書士事務所（福岡市南区長丘2-26-1-207／TEL 092-213-0606）
[e-mail] kugumiya@kugumiya.com／
[HP] http://www.kugumiya.com

田名網亜衣子（たなあみ・あいこ）
■一級FP技能士・CFP，証券外務員一種，損害保険普通資格
■昭和42年生まれ。福岡県立小倉西高，西南女学院短期大学英語科卒業。証券会社勤務を経て，平成8年保険代理店開業。平成23年法人化・代表取締役就任。
■生命保険コンサルティング，ファイナンシャルプランニングなど。
■リスク法務実務研究会会員，北九州中小企業経営者協会会員
■株式会社A＆A（北九州市小倉北区中井3-7-12／TEL 093-591-7899）
[e-mail] tanaami@hoken-a.net

[HP] http://www.hoken-a.net/

田上隆一（たのうえ・りゅういち）
■特定社会保険労務士
■昭和46年生まれ。熊本県立済々黌高，西南学院大学法学部法律学科卒業。百貨店勤務，社会保険労務士事務所勤務を経て，平成14年福岡経営労務管理事務所開設。
■労働社会保険事務代行，給与計算事務，就業規則及び諸規程の作成，個別労使紛争にかかるあっせん代理など。
■リスク法務実務研究会会員，福岡県社会保険労務士会福岡支部西支長
■福岡経営労務管理事務所（福岡市早良区南庄5-4-33-501／TEL 092-852-9954）
[e-mail] sr-info@da2.so-net.ne.jp

田村公隆（たむら・きみたか）
■行政書士
■昭和42年生まれ。福岡県立小倉西高，第一経済大学（現・日本経済大学）経済学部卒業。会社員を経て，平成15年田村行政書士事務所を開設。
■各種許認可取得手続き，各種法人設立手続き，在留資格取得手続き，遺言書作成支援，交通事故自賠責請求等手続きなど。
■リスク法務実務研究会会員
■田村行政書士事務所（福岡市南区清水2-1-49／TEL 092-512-1410）
[HP] http://office-tamura.com

西村　潤（にしむら・じゅん）
■弁護士
■昭和39年生まれ。福岡県立修猷館高，九州大学法学部卒業。平成5年司法試験合格，平成8年弁護士登録（福岡県弁護士会）・古賀和孝法律事務所入所，平成15年古賀・西村法律事務所，平成22年古賀・西村・花島法律事務所に改称。
■会社の労務管理，企業間取引，企業の法的整理手続等の企業法務を中心として，不動産取引，債務整理，離婚，相続等個人において日常生ずる紛争の処理など，総合的に取り扱う。
■リスク法務実務研究会会員，労働判例研究会会員
■『労働判例に学ぶ中小企業の労務管理』（共著，㈱労働新聞社），『労働判例にみる解雇基準と実務』（共著，㈱日本法令）
■古賀・西村・花島法律事務所（福岡市中央区大名2-2-26 親和ビル6F／TEL 092-715-1126／FAX 092-715-2095）

服部康太郎（はっとり・こうたろう）
■税理士
■昭和49年生まれ。福岡県立修猷館高，九州大学経済学部卒業。福岡市内で2カ所の税理士事務所に勤務しながら税理士資格を取得，平成15年税理士登録，ほどなく独立。
■法人・個人の税務申告，事業承継対策・相続対策など。
■リスク法務実務研究会会員
■服部康太郎税理士事務所（福岡市中央区平尾2-2-18-302／TEL 092-533-9143）
[e-mail] info@office-hattori.com

深町義浩（ふかまち・よしひろ）
■ネットリスクアドバイザー，会社役員
■昭和36年生まれ。東福岡高，福岡大学大学院商学研究科卒業。会計事務所勤務を経て，食べるのが大好きで（特に麺類）某食品会社へ転職。コンピュータとは20年以上

の付き合い。
■経理，労務，システム等，企業の管理部門が専門。
■リスク法務実務研究会会員，MIDIA（音楽集団）
[e-mail] hooker@oishikulove.com
[ブログ] http://oishikulove.yoka-yoka.jp/

福田憲太郎（ふくだ・けんたろう）
■土地家屋調査士
■昭和45年生まれ。東福岡高卒業。建設業，不動産業勤務後，平成16年福田土地家屋調査士事務所開設。
■土地建物の登記，測量，境界鑑定業務など。
■リスク法務実務研究会会員，福岡県中小企業家同友会会員
■福田土地家屋調査士事務所（福岡市博多区対馬小路4-1-101／TEL 092-263-5051）
[e-mail] officefukuda@landresearch.name
[HP] http://officefukuda.com
　　　http://www.tochi-con.jp

堀　繁造（ほり・はんぞう）
■弁護士
■昭和40年生まれ。熊本県立済々黌高，九州大学法学部卒業。平成3年司法試験合格，平成6年弁護士登録（福岡県弁護士会），平成17年堀法律事務所開設。
■労働事件，不動産関連事件，債権回収業務その他一般民事事件。
■リスク法務実務研究会会長，労働判例研究会会員，福岡労働局労働紛争あっせん委員
■『労働判例に学ぶ中小企業の労務管理』（共著，㈱労働新聞社），『労働判例にみる解雇基準と実務』（共著，㈱日本法令）
■堀法律事務所（福岡市中央区大名2-11-13 古河大名ビル4F／TEL 092-718-0029／FAX 092-714-6881）

堀江玲子（ほりえ・れいこ）
■特定社会保険労務士，産業カウンセラー，年金コンサルタント，キャリアカウンセラー，中災防心理相談員
■昭和32年生まれ。福岡県立大牟田南高，西南学院大学商学部経営学科卒業。平成14年社会保険労務士登録，平成17年堀江社会保険労務士事務所開設。
■就業規則・諸規定作成，労働社会保険手続き，遺族・障害年金請求手続き，労働相談，カウンセリングなど。
■リスク法務実務研究会会員，福岡県社会保険労務士会福岡支部制度PR委員，NPO法人障害年金支援ネットワーク会員
■堀江社会保険労務士事務所（福岡市中央区舞鶴3-8-1 まいづる中央ビル905号／TEL 092-713-4796／FAX 092-713-5822）
[e-mail] dcksj683@ybb.ne.jp

眞鍋幸宏（まなべ・ゆきひろ）
■特定社会保険労務士
■昭和45年生まれ。福岡県立柏陵高，西南学院大学商学部経営学科卒業。窯業メーカー経理部，飲料商社総務部等の勤務を経て，平成20年社会保険労務士登録，平成21年眞鍋幸宏社会保険労務士事務所開設。
■社会保険事務手続，助成金，給与計算，就業規則など。
■リスク法務実務研究会会員，福岡県社会保険労務士会電子化委員

■眞鍋幸宏社会保険労務士事務所（福岡市南区向新町２-25-20／TEL 092-565-9230）
〔e-mail〕yukihiro.manabe@gmail.com
〔HP〕http://www.ymanabe-sr.com

和田好史（わだ・よしふみ）
■行政書士
■昭和51年生まれ。福岡県立小倉高校、西南学院大学法学部法律学科卒業。広告代理店勤務を経て、平成16年４月行政書士和田法務事務所開設。

■契約書作成，法人設立，許認可申請，民事法務（遺言・相続，離婚問題，成年後見制度相談・手続サポート）など。
■リスク法務実務研究会会員，福岡県行政書士会福岡中央支部会計理事，ＮＰＯ法人成年後見制度市民後見人養成・活動支援ネットワーク理事，地域の町おこし任意団体・晴好実行委員会メンバー
■行政書士和田法務事務所（福岡市中央区渡辺通５-15-６　縄田ビル１Ｆ）
〔e-mail〕wada0729yoshifumi@ybb.ne.jp
〔HP〕http://wada-houmu.bine.jp

編集後記

　読み物との出会いには，不思議な巡り合わせがあると信じています。ふと立ち寄った本屋で目に留まる本から，そのとき自分が無意識に抱えているテーマに気付かせてもらうことがよくあります。

　震災発生後しばらく混乱しきっていた私の助けとなってくれたのも，たまたま3月から再購読し始めていた「新聞」という読み物でした。毎日，記事に目を通しては涙を流し，かろうじて自分を保ちながら過ごした日々でした。余談として聞いたことですが，被災地で活動なさっていた自衛隊の方々は一日の終わりに皆でその日の出来事を語り合う時間を設けていたそうです。全てを吐き出してから翌日の作業へと立ち向かう。現地でも専門家の指導によるメンタルケアが行われていたことを知り，少し安心した気持ちになりました。

　話を戻して。本会入会後ほんの数カ月で訪れたこの出版企画との間にも，強力な巡り合わせを感じています。いざ編集後記に取り組もうとしたものの，なかなか言葉が出てこず困り果てていた私はふと，職場の書棚の前に立ってみました。何かしら参考になる「編集後記」が潜んでいそうな気がして手にとってみた本。それは私が個人的に業務で参考にしたいと思い，長らく捜し続けていた読み物でした。どれだけ書店やインターネット上で捜しても見つけきれなかったものです。さすがに胸が高鳴りました。

　さて前述のとおり私は本会入会したての身で，少しでも会員の皆様と関わる機会を持ちたいと今回の編集作業にも手を挙げました。まだまだ未熟で世間知らずなので，会員の皆様とはご一緒させていただくだけで本当に勉強になるなぁと常々感じています。専門職でない私が，このような環境に身を置かせていただいているのは本当に有難いことです。折角いただいたこの場をお借りし，皆様へ感謝の気持ちを伝えたいと思いました。

　編集後記に関しても，主宰の安藤先生をはじめ皆様から多くの助言と励ましをいただきました。いつも，本当にありがとうございます。思えば本会との出会いも，不思議な巡り合わせでした。そして今，私にとって貴重な財産となっていることを実感しています。

平成23年9月

牧野仁美

■ 編集委員
安藤　功（司法書士）
安藤政明（特定社会保険労務士）
井上敦史（弁護士）
大橋正郎（社会保険労務士）
小川　剛（弁護士）
深町義浩（ネットリスクアドバイザー）
堀　繁造（弁護士）
牧野仁美（法律事務所職員）
和田好史（行政書士）

■ リスク法務実務研究会事務局
福岡市中央区大名 2-10-3　シャンボール大名 C1001
安藤社会保険労務士事務所内
TEL 092-738-0808／FAX 092-738-0888
［HP］http://www.riskhoumu.com/
［e-mail］m.ando@orion.ocn.ne.jp
［ブログ］http://blogs.yahoo.co.jp/hokenhoumu
［メルマガ］http://www.mag2.com/m/0001120380.html

りすくのくすり　相続特集
法務実務専門家による処方箋

2011 年 10 月 1 日　第 1 刷発行

著　者　リスク法務実務研究会
発行者　別府大悟
発行所　合同会社花乱社
　　　　〒810-0073 福岡市中央区舞鶴 1-6-13-405
　　　　電話 092(781)7550　FAX 092(781)7555
　　　　http://www.karansha.com
印刷・製本　有限会社九州コンピュータ印刷
ISBN978-4-905327-09-7

❖花乱社の本

フクオカ・ロード・ピクチャーズ　道のむこうの旅空へ
川上信也著
海，空，野山，街，路傍の一瞬──風景写真家・川上信也が写し取った一枚一枚にはただ佇むしかない。対象は福岡県内全域，美しい"福岡の四季"を捉えた旅写真集。
▷Ａ５判変型／160ページ／並製／定価1890円

野村望東尼　ひとすじの道をまもらば
谷川佳枝子著
高杉晋作，平野国臣ら若き志士たちと共に幕末動乱を駆け抜けた歌人望東尼。無名の民の声を掬い上げる慈母であり，国の行く末を憂えた"志女"の波乱に満ちた生涯。
▷Ａ５判／368ページ／上製／定価3360円

博多座誕生物語　元専務が明かす舞台裏
草場　隆　著
全国唯一の「公設・民営」常設劇場・博多座。「演劇界の奇跡」と呼ばれた舞台づくりはいかにして成ったのか。たった一人から始まった大プロジェクトの全貌を綴る。
▷四六判／270ページ／並製／定価1575円

天地聖彩　湯布院・九重・阿蘇
高見　剛　写真集
生きとし生けるものすべてに与えられた悠久・雄大な時空，そして密やかな命の営み。原生林に分け入り，草原に立ち，湖沼に憩いつつ撮り続けた20年間の作品を集成。
▷Ａ４判変型横綴じ／112ページ／上製／定価3990円

佐賀学　佐賀の歴史・文化・環境
佐賀大学・佐賀学創成プロジェクト編
古来，大陸文化を逸早く取り入れ，我が国のみならず東アジアへの発信・展開の拠点地域であった佐賀。その地域特性を解明し普遍へとつながる地域学の確立を目指す。
▷Ａ５判／340ページ／上製／定価3150円

福岡地方史研究　第49号
福岡地方史研究会編・発行／花乱社発売
【特集＝山家宿400年記念──峠・街道・宿場町２】桐山丹波と山家宿／筑前山家宿の設置について／原田八景／福岡藩主の前原宿泊／秋月街道「古八丁越」をめぐる諸問題，他
▷Ａ４判／180ページ／並製／定価1470円

憂しと見し世ぞ
岡田哲也著
60年代，大学紛争真っ盛りの時期に村上一郎と出会う。青春期の彷徨を描いた「切実のうた　拙劣のいのち」ほか，家族やふるさとへ寄せる想いを綴ったエッセイを集録。
▷四六判／280ページ／上製／定価2100円